교육실습총서 1

예비교사를 위한 학교현장실습

박일수 · 신수범 · 정용재 · 최현주 · 최화숙

창지사

이 저서는 2017년 대한민국 교육부와 한국연구재단의 지원을 받아 수행된 연구임
(NRF-2017S1A5B8059786).

머리말

이 책은 “세계 수준의 교원 양성을 위한 교육실습 프로그램 개발 및 글로벌 오픈 온라인 교육실습지원 시스템 플랫폼 개발”이라는 주제로 교육부와 한국연구재단의 지원을 받아 수행된 저서이다.

이 책은 교육실습총서의 첫 번째 책으로서, 학교현장실습에 대한 예비교사의 이해를 돕고 현장교육실습의 이정표를 제공하기 위하여 출판하였다. 현장교육실습은 예비교사가 교원양성 대학(교육대학, 사범대학, 교원대학 혹은 교직 과정이 설치된 일반대학 등)에서 배운 교육이론을 교육현장에 실지로 적용 또는 실천함으로써 교사활동을 직접 체험하고 자신의 교직적성을 점검 또는 평가하는 과정이라고 할 수 있다.

이 책은 학교현장실습을 5개의 하위 주제로 설정하여 집필하였다. 이 책에서는 학교현장실습과 관련하여, 교육실습의 이해, 교육실습의 과정, 교육실습 운영 지원, 교육실습의 실제, 교육실습생의 임무와 역할의 5가지 주제를 설정하고, 이들 주제와 관련된 내용을 제시하였다.

제1장 교육실습의 이해에서는 교육실습에 대한 기초 및 기본 지식을 제공하기 위하여, 교육실습의 개념, 목적 및 의의, 유형과 특성, 영역 및 내용, 법적 근거를 살펴보았다. 제2장 교육실습의 과정에서는 계획, 실행, 평가의 체제적 접근 방법에 따라 실습 전, 실습 중, 실습 후로 구분하여 교육실습을 살펴보았다. 제3장 교육실습 운영 지원에서는 교육실습의 이해당사자인 교육부/교육청, 대학, 실습학교, 지도교사의 역할에 대하여 고찰하였다. 제4장 교육실습의 실제에서는 예비교사가 교육실습 과정에서 경험하게 되는 수업지도, 생활지도, 학급경영, 인간관계, 사례연구, 학습지도안 작성, 교육실습일지 작성에 대하여 살펴보았다. 제5장 교육실습생의 임무와 역할에서는 학교현장실습 과정에서 교육실습생에게 요구되는 자세와 주의사항을 제시하였다.

이 책이 학교현장실습과 관련된 이해당사자들에게 학교현장실습의 계획, 실행, 평가에 있어 하나의 지침이 되기를 기대한다. 학교현장실습이 내실화되고 성공적으로 이루어짐에 따라 예비교사가 교사로서의 사명감을 갖고, 학교 현장에 대한 지속적인 관심과 성찰을 통하여 교사로서의 전문성과 자질을 형성하는 데 이 책이 조금나마 도움이 되기를 바란다.

2019년 6월

공주교육대학교 글로벌인재교육센터에서

저자일동

감사의 글

공주교육대학교의 글로벌인재교육센터는 2017년 한국연구재단에서 지원하는 대학중점연구소에 선정되어 교육실습(학교현장실습)에 대한 연구를 수행합니다. 그 연구 결과를 공유하고자 교육실습과 관련된 분야의 총서를 기획하였으며, 첫 번째로 '학교현장실습'을 출판합니다. 본 도서의 집필에 참여해 주신 박일수, 신수범, 정용재, 최현주, 최화숙 교수님께 감사를 드립니다.

공주교육대학교 글로벌인재교육센터장

설양환

차례

제1장

교육실습의 이해

신수범

1. 교육실습의 개념

교육실습은 예비교사가 교원양성대학(교육대학, 사범대학, 교원대학 혹은 교직 과정이 설치된 일반대학 등)에서 배운 교육이론을 교육현장에 실지로 적용 또는 실천함으로써 교사활동을 직접 체험하고 자신의 교직적성을 점검 또는 평가하는 과정이다. 예비교사는 교원양성대학에서 경험하기 어려운 수업지도, 생활지도, 학급경영 등을 교육실습을 통하여 경험함으로써, 학교 현장에 대한 이해와 유능한 교사로서의 성장 발판을 마련하게 된다.

예비교사는 교육실습을 통하여 대학에서 배운 전문지식이나 이론을 현장에 적용하고, 학교 현장에서 발생하는 여러 가지 문제점들을 발견하고 개선하는 경험을 하게 된다. 즉 예비교사는 교육실습을 통해 학교 현장을 종합적으로 이해하는 안목을 형성하게 되고, 교사에게 필요한 전문적인 소양 형성을 위한 동기를 부여받게 된다. 교육실습은 예비교사에게 다음과 같은 경험을 제공한다.

첫째, 예비교사는 자신의 능력과 자질을 평가받을 수 있다.

둘째, 예비교사는 교육행정, 학급운영, 사무에 대한 역할을 경험할 수 있다.

셋째, 예비교사는 다양한 교수-학습 방법 및 다양한 자료의 사용을 경험할 수 있다.

최근 교사교육은 이론적인 측면보다는 실제적인 측면이 강조된다. 이에 따라 교사교육은 구체적이고 실제적인 학습상황에서 학생을 지원하고 안내하는 현장밀착형으로 전환되고 있다. 교사교육의 내용은 학문적 지식에서 실천적 지식을 강조하는 것으로 전환되고 있으며, 획일적 내용보다는 내용의 다양화를 추구하고 있다(김병찬, 2000: 136). 예를 들어, 개별 학문영역을 강조한 교직과목이 교직 실무, 학교폭력의 이해와 실제, 특수교육학 개론 등과 같이 서로 유사한 학문영역을 통합 및 재조정하여 필수 이수 과목으로 지정되었다. 또한,

교육부에서는 교육 봉사와 교육실습을 강화함으로써, 교사교육의 실제적인 측면을 강조하고 있다.

한국교원교육학회(2001: 7-8)에서는 교육실습의 개념을 다음과 같이 4가지로 구분하여 제시하였다(신재흡, 2010: 12-14).

첫째, 교육실습을 '사범대학과 교직 과정이 설치된 대학에서 실습학교의 협력을 얻어 일정 기간 교육실습생을 교육활동에 참여시키는 것'으로 정의한다. 이것은 교육실습에 대한 형식적 정의이다. 교육실습은 교사자격 부여를 위한 교육과정의 일부이기 때문에, 교사자격증을 취득하기 위한 필수과정이다.

둘째, 교육실습을 교육이론의 현장 실천으로 정의한다. 교육실습은 교육현장에서 교육활동에 실제로 참여하면서 대학에서 배운 교육이론을 적용하고 실천해 보는 과정이다.

셋째, 교육실습을 교육실습생의 자기 점검으로 정의한다. 교육실습은 교원양성기관에서 습득한 교직에 관한 이론을 교육현장에서 실천해 봄으로써 자신을 평가해 보고, 교직 적성 여부를 최종적으로 스스로 점검하는 과정이다. 이러한 과정은 교육실습생에게 교사로서 자신의 능력과 자질 등 교직 적성을 점검하는 기회를 제공한다.

넷째, 교육실습을 경험 또는 체험으로 정의한다. 교육실습은 학교 현장에서 교사가 행하는 모든 교육활동을 경험하고 교직생활을 체험하는 과정이다.

한국교원교육학회(2001)에서는 이러한 4가지 견해를 종합하여 교육실습의 개념을 다음과 같이 규정하였다. 교육실습이란 예비교사로서 교육실습생이 교사자격을 취득하기 위한 필수과정의 일부로 교육이론을 부속 또는 협력학교 등의 교육현장에 실제로 적용 또는 실천함으로써 교사활동을 직접 체험하고 자신의 교직적성을 점검 또는 평가하는 과정이다(신재흡, 2010: 13).

한편 교육실습은 전문적인 경험 과정과 전문적인 실험 과정으로 구분할 수 있다. 이러한 측면에서 교육실습에 대한 관점은 다음과 같이 5가지로 구분하여 살펴볼 수 있다(신재흡, 2010: 13-14).

첫째, 교육실습을 교육으로 보는 관점이다. 교육실습생은 교육실습 기간에 학생들과 함께 생활하며, 학생들을 지도한다. 만약 예비교사가 수업 시간에 가르친 내용을 학생이 이해하지 못한다면, 학습결손이 발생하게 된다. 교육실습생은 이러한 일이 발생하지 않도록 수업지도와 생활지도 등에 충실히 임해야 한다.

둘째, 교육실습을 실천적 연구로 보는 관점이다. 교육실습생은 교육실습을 통해 연구의 소양과 기초적인 능력 및 태도를 경험하게 된다. 교육실습생은 교육현장의 문제점을 찾고, 이를 개선하는 연구과제를 탐색하고, 지도교사와 함께 이 문제를 해결하기 위하여 공동의 노력을 해야 한다.

셋째, 교육실습을 경험학습으로 보는 관점이다. 교육실습생은 학생을 교육하는 동시에 학생으로부터 배움을 얻게 된다. 교육실습생은 교육실습에 실제로 참여하면서 교직의 다양한 문화를 배우게 된다.

넷째, 교육실습을 전문적 방법으로 보는 관점이다. 실습은 도제 방법(apprentice method)과 전문적 방법(professional method)의 두 가지로 구별되는데, 교육실습은 전문적 방법에 해당한다. 도제 방법은 교육실습생이 전문적 지식을 갖지 않은 채 처음부터 교육현장이나 실제에 임하여 지도교사의 조수로서 도와주며 일을 배우게 되는 실습 방법이다. 이에 반해 전문적 방법은 교육실습생이 그 일에 대한 폭넓은 이해와 실제에 대한 이론적 준비를 사전에 하고, 교육현장이나 실제의 장면에서 배우게 되는 실습 방법이다. 교육실습은 이러한 두 가지 방법 중에서 전문적 방법의 성격을 나타낸다. 그러므로 예비교사는 교육현장의 경험과 당면하는 문제를 스스로 해결하기 위하여 노력해야 한다.

다섯째, 교육실습을 교직의 출발점으로 보는 관점이다. 교육실습은 예비교사에게 교직을 경험하게 한다. 이것은 예비교사에게 교직에 들어선 느낌을 주고, 어떠한 학교에서든 교직 생활을 자신 있게 출발할 수 있는 소신을 제공한다. 교육실습은 학생에 대한 이해와 관심을 높여 주는 계기가 된다는 점에서 교직의 출발점이라고 할 수 있다.

2. 교육실습의 목적과 의의

교육실습의 목적은 예비교사가 창의적이고 전문적 지식을 지닌 교사가 되도록 하고, 교육현장의 다양한 문제와 질문을 제기하는 기회를 제공하는 것이다. 교육실습이 교원양성과정에서 중요한 이유는 대학에서 이루어지는 교육과는 다른 특성 때문이다. 대학교육은 이론 중심으로 각 교과목이 분리되어 운영되지만, 교육실습은 이론과 실제가 통합되어 운영된다. 교원양성대학은 각기 나름대로 교육실습목적에 근거하여 교육실습을 수행하고 있다. 대학별 교육실습의 목적은 〈표 1〉과 같다(조운주 · 손미령, 2005: 187).

| 표 1 | 대학별 교육실습의 목적

대학	실습목적
한국 A대학	· 교직관 및 교직 이해력 증진 · 지식과 기술 습득 · 수업계획과 수업기술 함양 · 학습지도, 생활지도, 학급경영능력 신장 · 학급경영 및 조직의 일원으로 역할
한국 B대학	· 이론과 실제 연결 · 교육내용 및 아동 이해 · 교육관 정립 · 직업적 소양과 전문적 기술 익힘 · 교사자질 검증 · 현장교육의 실제를 배움
미국 C대학	· 학교와 지역사회의 관계에 대한 견해 발전 · 교수 및 학습과 관련 교육의 원리 발전 · 교수기술 발전
미국 D대학	· 교수구성과 계획 · 환경구성과 유지 · 교수실행 · 학습결과의 평가와 의사소통 · 교수-학습의 반성과 평가 · 동료, 부모 등과의 협력 · 전문적 교사발달 · 가족지원 · 테크놀로지 실행

〈표 1〉에서 볼 수 있듯이, 교육실습의 목적으로는 '교육이론의 현장 적용 또는 체험, 현장의 교육경험 체득, 교육에 필요한 조건과 기술의 습득, 교육관 확립, 교육문제의 이해 및 해결 능력 습득, 교직 적성 평가' 등이라고 할 수 있다. 한편, 교육실습의 교육목적에 대한 학자들의 정의를 살펴보면 다음과 같다.

남정걸(1998)은 교육실습의 목적을 다음과 같이 제시하였다.

첫째, 교육실습은 교육이론을 교육현장에 적용하여 경험적으로 체득하고 새로운 교육이론을 탐구한다.

둘째, 교육실습은 교육 전반에 걸친 인식을 제공한다.

셋째, 교육실습은 교사로서 학생을 지도하는 데 필요한 전문적인 기술의 습득을 제공한다. 전문적인 기술은 교과지도, 교과 외 활동(창의적 체험활동)의 지도, 생활지도, 학급경영, 평가, 공문서 및 사무 처리의 기술 등을 포함한다.

넷째, 교육실습은 교사로서의 바른 교육관을 갖게 하고 사명감을 느끼게 한다.

다섯째, 교육실습은 자기평가의 기회가 되고 자기의 연구 과제의 발견과 그 심화의 계기가 된다.

김헌수와 이난(2008)은 교육실습의 목적을 다음과 같이 제시하였다.

첫째, 교육실습생은 대학에서 배운 제반 교육이론을 학교 현장에 적용함으로써 전문가로서 기본자세를 배운다.

둘째, 교육실습생은 대학에서 배운 여러 가지 교육이론을 확인하고 실제상황에 적용하는 과정에서, 이론과 실제의 괴리현상과 문제점을 파악하고 인식한다.

셋째, 교육실습생은 단편적으로 익힌 지식과 기술을 통합적으로 재구성하여 교육활동 전반에 활용할 수 있는 능력을 기른다.

넷째, 교육실습은 대학 교육과정에서 다루지 못하는 지식, 기능, 태도 등을 제공함으로써, 부족한 부분을 보충하고 보완하는 기회를 제공한다.

다섯째, 교육실습은 교육실습생에게 자신의 교육자적 소양을 재검토함으로써 진로 선택에 대하여 성찰하는 기회를 제공한다.

여섯째, 교육실습은 예비교사에게 필요한 지식과 기술은 무엇이며, 교직에 관심을 가지고 연구과제를 발견하는 기회를 제공한다.

일곱째, 교육실습은 교직이라는 직업을 포함하여 한 사람의 사회구성원으로서, 직업인으로서 자신의 삶을 점검하고 평가하는 기회를 제공한다.

이상에서 살펴본 교육실습의 목적을 종합하면, 교육실습의 목적은 대학에서 학습한 교육이론을 일선 학교 현장에 적용해 봄으로써 이론적으로 습득한 지식을 통합적으로 재구성하여 교육활동 전반에 걸쳐 적절히 활용할 수 있는 능력을 기르고, 교사가 하는 모든 일에 관해 인식함으로써 적성을 시험하고, 자기평가 기회를 제공하는 데 그 목적이 있다고 할 수 있다.

교육실습의 교육적 의의는 다음과 같다(신재흡, 2010: 15-16).

첫째, 교직에 대한 이해를 높이고 투철한 교직관을 갖게 한다.

둘째, 대학에서 배운 교직이론을 교육현장에 적용할 기회를 갖는다.

셋째, 자신의 교직 능력을 평가할 기회를 갖는다.

넷째, 교수기술을 연마하고 자신의 능력을 발휘할 기회를 갖는다.

다섯째, 교육실습은 수업 이외의 행정적·사무적 측면에서 교사의 경험을 경험하는 기회를 제공한다.

여섯째, 교직에 대한 자신의 적성과 자질을 검증할 기회를 갖는다.

일곱째, 교육실습은 교사자격 취득을 위한 법적 요건으로서 교직과정의 한 영역이다.

여덟째, 교육실습은 교육실습생을 대상으로 하는 직전교육의 일환이다.

아홉째, 교육실습은 교사에게 필요한 전문적인 지식을 심화하고, 의사결정 과정을 연습해 볼 기회를 제공한다.

열째, 교육실습은 교사로서의 자아 정체감을 찾을 기회를 제공한다.

이처럼 교육실습은 교육실습생에게 교과수업의 원리와 실제를 교실에서 적용해 보면서 예비교사로서 교과목을 지도하는 경험을 통하여 교육자로서의 자신의 정체성을 확립하고 전문적 실천을 수행하는 데 의의가 있다.

3. 교육실습 유형과 특성

교육실습의 유형에 대한 명칭은 교원양성대학이나 학자에 따라서 약간씩 차이가 있다. 이 장에서는 참관실관, 수업실습, 실무실습이라는 용어를 사용하고, 각각의 실습 유형과 특징을 살펴보았다.

1) 참관실습

참관실습이란 실습학교의 학생 생활, 교사의 수업활동, 학교의 시설·설비, 학교경영 및 학급경영 실태 등 학교운영 전반을 관찰 또는 참가하는 것이다. 참관실습은 교육실습생에게 교사가 수행하는 거의 모든 교육활동 즉 교과지도, 교육과정 운영 현황, 생활지도, 교과 외 활동(창의적 체험 활동), 학급경영과 학교경영 전반을 있는 그대로 관찰하고, 현장교육에 대한 분위기를 제공한다.

참관실습의 목적은 학교의 특징, 선생님 역할, 교육실습생의 직무 적합도를 파악하는 데 있다. 참관실습은 교육실습생에게 교사 신분으로서, 학교현장을 경험하는 첫 단계이다. 교육실습생은 참관실습을 통하여, 막연하게 알고 있었던 학교를 방문하여 교수-학습, 교사의 업무, 초·중등 학생들의 학업태도 등을 파악하게 된다. 참관실습의 목적과 내용은 다음과 같다(권정숙, 2009).

- 학교 및 학급의 전반적 분위기 파악
- 학교/학급의 자연적·물리적 환경과 시설 및 설비 파악
- 학생의 개인적 또는 집단적 관심과 욕구 이해
- 지도교사와 학급담임의 교수방법, 학급경영 방법, 학생지도 기술 학습
- 수업 진행 과정 및 교사와 학생 간의 상호작용 관계 이해
- 교사의 교수-학습 방법의 현대 교수-학습 이론 및 방법의 적용 여부
- 참여관찰의 연구기법 연마
- 후속하는 수업실습의 기초 자료 활용

2) 수업실습

수업실습은 교육실습생이 수업을 독자적으로 수행함으로써 실제 수업 경험을 축적하는 것이다. 교육실습생은 수업실습을 통하여, 교사로서 자질, 교육실습생의 장단점, 교사로서 노력, 수업에 대한 학생 반응, 수업 결과가 학생에게 주는 영향 등을 경험하게 된다. 수업실습은 교육실습생에게 학교 교육의 가장 핵심적인 교수-학습 활동에 직접 참여하도록 하는 특징이 있다. 수업실습의 목적과 내용은 다음과 같다(권정숙, 2009).

- 수업계획 능력 신장(교육과정의 전체 구조 이해 및 단원의 위계 파악)
- 수업의 흐름 이해 및 학습내용과 교수-학습 방법의 선정 및 조직
- 계획에 따른 수업 전개 능력 신장
- 수업에 영향을 주는 다양한 변인 간의 역동적인 관계 이해
- 학생에 대한 이해와 태도 심화
- 교과교사로서의 자질에 대한 평가 및 성찰
- 교사로서의 자질 함양

3) 실무실습

실무실습은 참관실습, 수업실습의 토대 위에 학교에서 이루어지는 각종 행정 및 재정 등의 경영활동 전반과 교사가 교육상 수행해야 할 실무를 체험해 보는 실습이다. 따라서 교육실습생은 교사가 갖춰야 할 기본적 자세와 실무 처리 능력을 함양하고 학교에 대한 적용을 쉽게 하는 데 그 목적이 있다. 실무실습의 목적과 내용은 다음과 같다(진영은 · 조인진, 2006).

- 교육자의 자세 함양
  - 교직관, 교사의 언어와 용모 및 태도
- 학습지도 및 평가활동
  - 교재연구 및 각종 실험도구 준비, 학습지도안 작성, 교수-학습 방법연구, 수업자료 제작, 학생평가와 기록, 생활기록부 누가 작성
- 학급 업무 처리
  - 출석부 정리, 학급일지, 학급의 일간/월간/학기말/학년말 업무처리 물품시설, 환경관리
- 학교 업무 처리
  - 공문서 처리와 연락, 대처 방안, 학교 내의 제반 기록, 게시물 작성관리, 학교 시설물 관리
- 공문서 처리
  - 문서수발 관리, 민원전화 응대, 공문서 작성 요령, 기안 및 결재 처리과정, 민원관계 서류 처리
- 각종 회의 참여
  - 교장, 교감의 업무 내용 파악

4. 교육실습의 영역 및 내용

1) 학생지도

교원양성대학에서 유치원생, 초등학생, 중고등학생을 대면하는 일은 현실적으로 불가능하다. 교육실습의 학생지도 영역은 교원양성대학에서 배운 학생지도와 관련한 이론, 전략들을 실제 적용하고 반응을 살펴볼 수 있는 중요한 영역이다. 교육실습생은 학생을 관찰하고, 학생과 상호작용하면서 학생의 요구, 좋아하는 것을 파악하고, 학생지도 방법과 그들과 상호작용하는 방법을 배우게 된다.

예비교사는 대학에서 학생의 발달 단계에 따른 특징을 배우지만, 이들 학생을 지도하는 것은 쉬운 일이 아니다. 교육실습생은 교육실습 기간에 학생의 발달 특성을 관찰하고, 학생의 흥미, 욕구, 또래 간의 관계 등을 파악해야 한다. 교육실습생은 학생의 발달, 요구, 흥미, 또래 간의 관계 등에 기초하여 학생과

상호작용하고 지도하는 방법을 습득해야 한다. 학생지도 실습내용은 기본생활 및 인성 지도, 문제 행동 지도, 생활 상담 지도, 안전교육 등이 있다. 교육실습생은 학생의 여러 가지 어려움이나 문제 행동 등을 관찰하여 파악하고, 학생의 어려움이나 문제 행동에 대해 상담하고 학생 스스로 이들 문제를 스스로 대처할 수 있도록 지도하게 된다.

2) 교과지도 및 수업

교과지도는 교사가 학습자에게 교과의 지식이나 기술을 전달하고, 여러 능력이나 가치관을 형성시키는 교육활동을 의미한다. 교과지도의 실습내용에는 교재연구 및 학습지도안 작성, 교수-학습 방법에 따른 수업 전략, 수업 연구 등이 있다. 교육실습생은 교사가 학습자에게 지식이나 기술을 전달하는 활동을 객관적으로 관찰하고, 직접 학습자에게 지식이나 기술을 전달하게 된다.

수업은 교육실습생이 교사로서 실제 수업활동을 계획하고, 실행해 보는 것을 의미한다. 교육실습생이 수업을 직접 담당하는 정도에 따라서 부분수업, 연계수업, 연구수업으로 구분할 수 있다(박은혜·조운주, 2013).

구분	내용
부분수업	지도교사가 진행하는 교육과정 안에서 하나의 수업활동을 교육실습생이 계획하고 수업을 진행
연계수업	지도교사가 진행하는 교육과정 안에서 두 개의 수업활동을 교육실습생이 계획하고 수업을 진행
연구수업	교육실습생이 주도적으로 하루 종일의 수업을 계획하고 실행하는 것을 의미

교육실습 학교에서는 교육실습생이 부분수업에서 연계수업으로 그다음 연구수업으로 점진적으로 발전시켜 나가도록 지도한다. 교육실습생이 수업을 실행할 때에는 다음과 같은 사항을 고려해야 한다.

첫째, 수업계획은 지도교사와 교육실습생의 협의하에 이루어져야 한다.

둘째, 교육실습생이 지도받기를 원하는 활동을 중심으로 수업실습을 지도하되, 되도록 다양한 수업활동을 경험해 보도록 한다.

셋째, 지도교사와 교육실습생은 수업 장학 지도과정에 기초하여 수업실습을 지도하고, 지속적인 협의회를 거쳐 상호 반성하는 기회를 제공한다.

3) 학교경영·학급운영

학교경영이란 학교가 그 본래의 교육목적을 효과 있게 달성하는 데 필요한 인적·물적 제반 조건을 정비·확립하고 학교교육의 협력적 체계를 조직할 뿐만 아니라, 그 조직체를 통제하는 업무를 의미한다. 학교경영 실습 내용에는 학교경영 방침, 학교조직도, 교무분장, 학교시설 및 배치도, 교육행정 업무관리, 학교교육과정 운영계획서 중점 활용 등이 있다. 교육실습생은 지도교사가 실습학교의 인적 물적 제반 조건과 학교교육의 협력적 체계를 관찰하고, 지도교사를 보조하여 인적·물적 제반 조건을 정비·확립하는 데 참가하거나 지도교사의 도움을 받아 학교의 체계에 대해 파악하며, 인적 물적 자원을 직접 관리하고, 학교경영에 필요한 공문서를 작성하게 된다.

학급운영에 대한 교육실습은 학급환경 구성, 하루 일과 운영, 학급의 규칙 등 수업 이외의 원활한 학급운영에 필요한 교사의 능력을 기르기 위한 것이다. 학급운영에 관련된 내용들은 대학교육을 통해서 이론적으로 배운 것들도 있으나, 학교 현장에서 새로운 내용이 추가되기도 한다. 학급운영의 경험은 교사로서 학급을 운영하는 데 큰 영향을 미치기 때문에 교육실습 기관에서는 교육실습생에게 되도록 다양한 분야를 경험할 기회를 제공해야 한다. 교육실습생이 교육실습 기관에서 경험할 수 있는 학급운영의 내용은 다음과 같다(박은혜, 2004).

- 학급의 물리적 환경 정리
- 교재, 교구 및 학급 비품 관리
- 개인 소지품 확인하기 및 귀가지도
- 학생과 관련된 제반 서류 및 평가 자료 정리
- 학생의 가정환경 파악
- 학교의 업무 처리
- 공문서 처리 및 행사진행
- 학부모 상담

4) 진로지도

진로지도란 개인의 진로발달을 촉진시켜 자신의 진로를 계획하고, 직업을 선택하게 하며, 선택된 직업을 준비하도록 도와주는 과정이다. 진로지도 실습내용은 교육과정을 통한 진로지도, 진학지도, 취업지도 등이 있다. 교육실습생은 학교에서 이루어지고 있는 진로지도 내용을 관찰하고 학생의 진로를 파악하고, 학생의 진로 계획과 직업 선택 및 직업 준비를 지도하게 된다.

5) 창의적 체험활동

창의적 체험활동은 2009 개정 교육과정에서 2007 개정 교육과정의 재량활동과 특별활동을 통합하여 신설한 교육과정이다. 2015 개정 창의적 체험활동의 목표는 '건전하고 다양한 집단 활동에 자발적으로 참여하여 나눔과 배려를 실천함으로써 공동체 의식을 함양하고 개인의 소질과 잠재력을 계발 · 신장하여 창의적인 삶의 태도'를 기르는 것이다. 창의적 체험활동은 교과 이외의 활동으로서, 자율 활동, 동아리 활동, 봉사활동, 진로활동의 4개 활동으로 구성된다. 교육실습생은 학교에서 이루어지고 있는 다양한 교과 이외의 활동을 관찰하여 파악하고, 직접 교과 이외의 활동을 실시하고 학생이 적극적으로 참여할 수 있도록 촉진하는 역할을 수행한다.

6) 실험·실습실 관리

실험·실습실이란 학생이 실험이나 실습을 할 수 있도록 다양한 제반시설을 갖추어 둔 곳으로 학교마다 다양한 실험·실습실이 있다. 최근 소프트웨어교육, 컴퓨팅사고력 교육이 강화되면서 학교에 다양한 첨단기기가 보급 운영되고 있다. 이에 교육실습생도 PC, 노트북, 피지컬 장비, 네트워크 등이 어떻게 설치 관리되고 있는지 확인하고 기본적인 유지보수를 어떻게 할 수 있는지에 대한 역량을 키우고 실습활동에서 이를 실천해 보는 기회가 요구된다. 교육실습생은 학교의 실험·실습실과 기자재 현황을 관찰 및 파악하고, 실험·실습실에서의 수업이 효과적으로 진행될 수 있도록 실험·실습실과 기자재를 관리하는 경험을 한다.

5. 교육실습의 법적 근거

교육실습은 교사자격 취득을 위한 법적 요건으로서 교직과정의 한 영역이다. 우리나라는 교사 자격 기준을 법률과 법령으로 엄격히 규정하고 있다.

「초·중등교육법(법률 제15961호)」 제21조 제2항에서는 “교사는 정교사(1급·2급), 준교사, 전문상담교사(1급·2급), 사서교사(1급·2급), 실기교사, 보건교사(1급·2급) 및 영양교사(1급·2급)로 나누되, [별표 2]의 자격 기준에 해당하는 사람으로서 대통령령으로 정하는 바에 따라 교육부장관이 검정·수여하는 자격증을 받은 사람이어야 한다. 〈개정 2013. 3. 23.〉”고 제시하여 교사의 종류와 그 자격을 대통령령으로 정하고 있음을 명시하고 있다. 이 조항에 근거하여 「교원자격검정령(대통령령 제30025호)」에서 상세한 교사의 자격에 대해 명시하고 있다. 「교원자격검정령」 제19조 제3항과 관련된 [별표 1] '무시험검정 합격기준'에서는 교육대학 또는 사범대학을 졸업한 사람은 전공과목 50학점 이상과 교직과목 22학점 이상을 이수해야 교사 자격증이 발급될 수 있음을 명시하고 있다.

전공 과목(50학점 이상)	교직과목(22학점 이상)
교과교육 및 교과내용 영역 50학점 이상 기본이수과목 21학점(7과목) 이상 포함	교직이론 및 교직소양은 18학점 이상(교직소양 6학점 이상), 교육실습은 4학점 이상(교육봉사활동 2학점 이상 포함 가능)

교육실습과 관련하여서는, 교육부령의 「교원자격검정령 시행규칙」 제12조 제5항에서는 "교직과목의 세부 이수 분야를 '교직이론'과 '교직소양'으로 하며 각 분야의 세부과목은 교육부장관이 정한다."라고 명시하고 있다. 그리고 이에 따른 「유치원 및 초등·중등·특수학교 등의 교사자격 취득을 위한 세부기준(교육부 고시 제2019-182호)」 제6조 제4항에서 "교육실습 중 학교현장실습은 1학점 당 2주(또는 80시간 이상)로 한다."고 명시하고 있다. 이와 관련하여 [별표 2] '교사자격종별 교직과목 세부 이수기준'에 따르면, 정교사(2급) 자격을 취득하기 위해서는 '교직이론' 분야에서 12학점 이상, '교직소양' 분야에서 6학점 이상, 그리고 '교육실습' 분야에서 4학점 이상, 학교현장실습(2학점 이상), 교육봉사활동(2학점 이상 포함 가능)으로 명시하고 있다.

구분	정교사 2급의 최저 이수기준
교직이론	12학점 이상(6과목 이상): 교육학개론, 교육철학 및 교육사, 교육과정, 교육평가, 교육방법 및 교육공학, 교육심리, 교육사회, 교육행정 및 교육경영, 생활지도 및 상담, 그 밖의 교직이론에 관한 과목
교직소양	6학점 이상: 특수교육학 개론(2학점 이상, 영재교육 영역 포함), 교직실무(2학점 이상), 학교폭력 예방 및 학생의 이해(2학점 이상)
교육실습	4학점 이상: 학교현장실습(2학점 이상), 교육봉사활동(2학점 이상 포함 가능)
합계	총 22학점

또한 교원양성대학마다 차이가 있는데 국제실습에 참여한 학생에 대해서 수업실습이나 종합실습을 인정해 주는 학칙을 가지고 있는 경우가 있다. 즉 국제교육실습을 이수한 예비교사의 경우 일부 국내 실습을 경감받을 수 있는 학칙을 가지고 있는 양성대학도 있다. 또한 실습제도의 강화와 예비교사의 수업역량을 강화하기 위해서 예비교원양성대학에서 수업실기 능력에 대해 추가적인 인증제도를 실시하고 있는 경우도 있다.

제2장

교육실습의 과정

최현주

교육실습의 과정은 일반적으로 세 가지 단계로 이루어진다. 첫 번째 과정은 실습 전에 이루어지는 실습 계획 및 준비 과정이고, 두 번째 과정은 본격적인 교육실습 운영 과정이며, 마지막 세 번째 과정은 교육실습 후 시행되는 사후 평가 과정이다. 교육실습의 일반적인 과정은 [그림 1]과 같다.

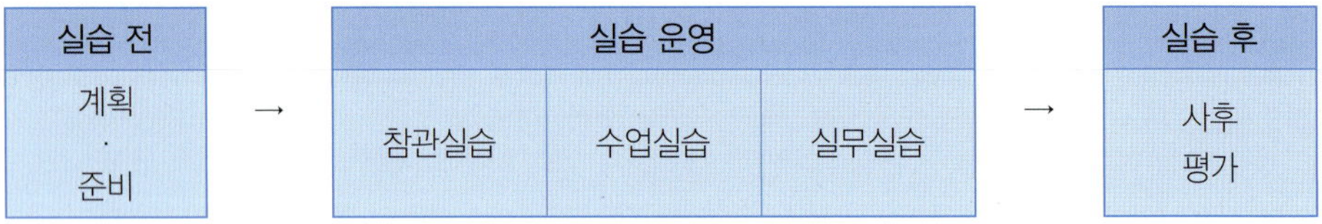

| 그림 1 | **실습의 과정**

[그림 1]과 같이 교육실습의 과정은 실습이 이루어지기 전의 계획·준비 단계와 실습이 실제로 시행되는 운영 단계, 그리고 실습 이후 평가 단계로 구성된다. 계획·준비 단계는 교육실습을 시행하기 전에 교육실습의 목적을 달성하기 위해 필요한 사항들을 미리 계획하고 준비하는 단계이다. 운영 단계는 사전 준비 이후 본격적인 교육실습이 시작되어 실제로 실습이 이루어지는 단계이다. 이때 교육실습은 참관, 수업, 실무의 내용을 중심으로 운영된다. 사후 평가 단계는 실습이 끝난 후 실습과정에 대한 피드백과 평가를 시행하는 단계이다. 이와 같은 세 가지 교육실습의 과정은 학교 급에 상관없이 공통적으로 적용되는 교육실습의 흐름이다. 이 장에서는 교육실습의 과정을 각 단계별로 살펴보았다.

1. 실습 전: 계획 및 준비 단계

계획 및 준비 단계는 교육실습을 수행하기 위한 기초 단계로서 교육실습을 위해 필요한 운영 사항을 사전에 계획, 지도, 점검하며 또한 그에 필요한 인적, 물적 자료 등을 지원하고 준비하는 과정이다. 계획 및 준비 단계는 원활한 교육실습의 진행을 위해 반드시 필요한 과정이며 사전 준비 여부가 교육실습의 성패를 좌우할 수 있다는 점에서 매우 중요한 과정이다. 따라서 지도교사와 교육실습생은 물론 교육실습 관련 기관들의 계획 및 준비가 요구된다. 교육실습 전에 계획 및 준비해야 할 사항들을 구체적으로 살펴보면 다음과 같다.

1) 교육실습 운영 계획 수립

교육대학교와 사범대학 등의 교원양성기관은 체계적이고 의미 있는 교육실습이 이뤄질 수 있도록 학교현장실습을 포함한 교육실습계획을 수립한다. 교원양성기관은 기본적으로 법률과 법령에서 명시하고 있는 규정에 맞게 교육실습 계획을 체계적으로 수립하여 시행해야 한다. 예를 들어, 초등예비교원의 학교현장실습은 2학년은 참관 중심의 실습으로, 3학년은 수업 중심의 실습으로, 4학년은 실무 중심의 실습으로 총 4주 이상(또는 160시간 이상) 운영되도록 계획을 수립하여 실행해야 한다. 중등예비교원의 경우는 참관 및 수업실습 주간(2주)과 수업 및 실무실습 주간(2주) 등으로 구분하여 역시 총 4주 이상(또는 160시간 이상) 운영되도록 계획을 수립하여 실행해야 한다.

2) 실습 대상학교 선정

교육청과 대학은 교육실습이 시작되기 전에 교육실습을 시행할 실습학교를 선정하고 실습 운영을 위한 계획을 세워야 한다. 교원자격검정 실무편람에 제시된 학교현장실습 가능 기관은 "「유아교육법」 제2조에 따른 유치원, 「초·중등교육법」 제2조에 따른 학교, 「재외국민 교육지원 등에 관한 법률」 제2조에 따른 한국학교, 「평생교육법」 제31조 제2항에 따른 학력인정 평생교육시설, 그리고 교원양성기관에서 교류 협정을 체결한 외국의 대학 또는 교육청이 지정한 정규 유치원 및 초·중등학교"로 하도록 되어 있다. 이때 이들 학교 중 협력학교 선정은 교원양성기관의 장이 책임지고 해야 하나, "학생의 희망여부에 따라 개별적으로 선정할 수 있다."고 되어 있다.

위의 편람에 따라 각 대학의 장은 실습학교를 선정할 수 있다. 따라서 보통 교육대학이나 사범대학은 부설학교 또는 병설학교에서 교육실습을 하도록 되어 있으나, 적정 학생 수의 초과나 부득이한 경우에는 협력학교에서도 교육실습을 할 수 있다. 또한 교직과정이 설치된 일반 대학은 교직과정 설치 승인 시 협의된 병설(협력)학교에서 교육실습을 하도록 하고 있다. 협력학교는 학생 거주지, 교과목, 실습 기간, 실습 지도교사의 역량 등을 종합적으로 고려하여 설정해야 한다(권정숙, 2009: 13).

3) 교육실습 일정 수립

교육청과 대학, 그리고 실습 학교들은 매년 교육실습이 시작되기 전에 교육실습 시기를 협의하여 조율하여야 한다. 대체적으로 교육실습 시기는 교육실습생들의 졸업학년도인 4학년 1학기나 2학기에 실시했으나 최근에는 각 대학별 상황에 따라 2학년 혹은 3학년때 실시하기도 한다. 보통 교육실습 시기는 대학에서 정한 실습 학년을 기준으로 하여 1학기에 실시하는 경우에는 주로 4월이나 5월 중에, 2학기에 실시하는 경우는 10월이나 11월 중으로 운영하고 있다. 왜냐하면 교육실습이 교육실습기관의 교육과정을 고려하여 이루어지고 있기 때문이다. 이와 같이 교육실습 시기를 정할 때에는 대학의 학사일정뿐만 아니라 교육실습기관의 일정을 고려해야 한다.

4) 교육실습생 사전교육

대학에서는 교육실습생을 대상으로 교육실습에 대한 사전교육을 실시해야 한다. 사전교육은 넓게 말하면 대학에서 교육이론들을 배운 과정 자체로 볼 수도 있으나, 구체적으로 보면 교육실습을 나가기 직전에 교육실습에 대한 사전 준비 교육으로 볼 수도 있다. 여기서는 교육실습 사전교육을 교육실습을 나가기 직전에 시행되는 사전교육의 관점으로 간주하였다.

교육실습 사전교육의 내용은 교육실습생이 수행해야 하는 기본 사항으로 구성된다. 예를 들어, 실습학교와 학생에 대한 이해, 실습 태도 및 근무 요령, 교육실습생으로서의 기본예절, 교육실습 일지 작성 요령 등에 대한 안내와 지도 등이다. 각 대학은 이러한 내용을 담은 교육실습 안내서 및 지침서 등의 실습 안내 자료를 개발하여, 교육실습생들에게 배포하고 사전교육을 실시하여야 한다.

5) 교육실습학교 방문지도 계획

대학에서는 교육실습 기간 동안 교육실습학교를 방문하고 교육실습생들의 실습 상황에 대한 점검 및 지도를 해야 한다. 각 대학은 교육실습 점검 및 지도 내용, 지도방법, 교육실습학교 방문 일시 등을 실습학교 측과 협의하여 계획하고 교육실습 기간에 방문지도가 시행될 수 있도록 사전에 준비해야 한다.

2. 실습 중: 운영 단계

교육실습생은 교육실습을 통하여 학교 현장을 경험하게 된다. 운영 단계에서는 학교에 대한 이해 및 참관을 통한 관찰, 수업의 실행, 학생 생활지도, 학급 운영, 학교 업무 경험 등 교사로서의 업무를 직접 시행해 보고 경험해 볼 수 있는 과정으로 운영된다. 교육실습 운영 단계는 일반적으로 참관, 수업, 실무의 세 가지 유형으로 순차적으로 진행되는 경향이 있다.

1) 참관실습

참관실습이란 교육실습의 초기 단계에 이루어지는 과정으로서 교육현장에 대한 관찰 및 참가 활동으로 수행된다. 참관실습은 교육실습생이 관찰과 참가 활동을 통해 실습학교나 학생, 그리고 교사의 업무 등을 파악하고 학교 현장에 적응하는 단계이면서 동시에 다음 단계인 수업실습을 준비하는 과정이라고 할 수 있다. 참관실습은 관찰활동과 참가활동으로 구분된다. 관찰활동과 참가활동의 차이를 엄밀히 규정하면 의미상 차이가 있으나 사실상 이 둘은 동시에 이루어지는 것이 보통이다.

(1) 관찰활동

관찰활동은 교육활동을 주의 깊게 관찰하여 인지하려는 활동을 의미한다. 교육실습생은 교육 현장에서 일어나는 교육 현상들을 있는 그대로 보고 정확하게 기록하며 기록한 자료들을 자신이 배운 지적 이론들과 관련지어 보면서 실제적인 교육현상들을 객관적이고 비판적으로 이해하는 경험을 하게 된다. 따라서 교육실습생은 실습 현장에서의 교육현상들을 계획적, 의도적, 능동적으로 관찰하고 기록하며 이를 토대로 교육적 의미를 찾아가는 노력을 기울여야 한다. 이 단계에서 이루어지는 관찰은 학생에 대한 관찰, 교실 및 환경에 대한 관찰, 교사의 수업활동 관찰, 교육과정 구성 및 운영에 대한 관찰, 교과 수업활동 관찰, 학교 운영 계획과 부서별 업무 사항 관찰 등 학교에서 행해지고 있는 모든 것을 대상으로 하여 이루어져야 한다. 구체적인 관찰활동의 내용을 제시해 보면 다음과 같다(최영종, 2010: 16-17).

① 학교/학급 환경에 대한 관찰

- 학교의 설립 배경과 건학이념
- 학교의 교훈과 학교 경영의 방침

- 학급 수, 학생 수, 교직원 수 등의 학교 규모
- 교실 내부의 환경
- 학급 분위기(급훈, 학생 수 등)

② 학생에 대한 관찰

- 학생의 교내 활동(등·하교 및 휴식시간, 각종 교과 이외의 활동 등)
- 학생의 교외 활동(소풍, 체험학습, 기타 단체활동 등)
- 학생의 교실 내 활동(점심시간, 쉬는 시간, 청소시간 등)
- 출결사항, 용의 및 복장, 학습태도 등
- 신체발달 상황(생활기록부, 건강기록부, 병명 등)
- 학생의 가정환경(가족관계 등)
- 문제 행동 및 학생 행동 특성(공격성, 자해행동 및 학생의 개인별 행동 특성 등)
- 건강문제(간질 등)

③ 교수-학습 활동에 대한 관찰

- 교육과정의 편성과 운영 실태
- 학습지도 연간계획 및 학습지도안
- 평가계획 및 실시사항
- 학습지도의 준비과정(교재연구, 자료제작, 학습지도안 작성 등)
- 시청각 자료, 교구 및 기타 자료의 활용 방안
- 교재와 실험실습 기자재의 실태
- 학습지도방법과 학생의 수업 참여 실태
- 학습활동에 대한 주의집중 및 수업태도
- 학습활동 중 문제 행동 및 자리 이탈에 대한 대처 방법

④ 학교 및 학급 운영에 대한 관찰

- 교직원의 수와 조직(교과, 학급, 담당 업무 등)
- 교직원의 특성(성별, 연령, 경력, 특기사항 등)
- 교직원의 근무자세(출퇴근, 업무처리, 근무태도 등)
- 교직원의 일상생활(용의, 언어, 대인관계, 관심사항, 취미, 여가생활 등)
- 공문서 처리 및 관리 사항
- 각종 행사계획 및 지역사회와의 관계
- 학교운영위원회 조직과 운영실태
- 학급 내의 급훈, 운영 방침
- 보건, 위생의 관리(청결 등)
- 학급 비품의 점검 및 관리
- 학급 업무에 대한 장부 및 기록 상태

(2) 참가활동

참가활동은 관찰활동보다 한 단계 더 나아가서 교육현장에 직접 참가하는 활동으로 교사가 직접 수행하는 제반 교육활동을 직접 체험해 보는 과정이다. 참가활동의 내용은 각 학교별로 차이가 있으나 대체적으로는 학교나 학급의 일상적 활동, 교과나 학습지도, 생활지도나 특별활동, 학급경영 분야 등 교육활동 전반에 참여해 보는 것이다. 구체적인 참가활동의 내용을 살펴보면 다음과 같다(최영종, 2010: 18).

① 교사의 역할과 활동에 대한 참여

- 수업설계에 대한 제반 활동(학습지도안 작성, 교재연구, 자료 제작 등)
- 수업 및 학습지도의 활동
- 학생, 학부모와의 상담

- 창의적 체험활동, 학교행사 등에 참가
- 담임교사로서의 업무수행(출석부, 생활기록부, 건강기록부 등의 작성)
- 문제 행동 지도 및 중재
- 식사지도 및 생활지도
- 등·하교 지도

② 교사의 보조자로서의 참여

- 학습자료, 교재·교구 등을 제작 및 정비
- 출결, 건강상태 등의 사항의 기록
- 학교행사 및 학급행사를 돕거나 준비
- 교사를 대신한 학생 생활지도
- 점심시간 식사지도를 돕거나 지도

이러한 참가활동을 통해 교육실습생은 교수-학습 과정에서의 교사의 기능을 익히고 교육이론의 실제적 적용을 시도하여 이에 대한 타당성이나 적절성을 검토하고 교사로서 수행해야 할 직무수행능력을 이해하고 습득하게 된다.

2) 수업실습

수업실습은 교육실습생이 실제 수업활동을 계획하고 실행해 보는 과정을 말한다. 수업은 교사의 가장 주된 업무라는 점에서 수업실습 경험은 매우 중요한 과정이다. 수업실습의 목적은 교사로서 수업 능력을 신장시키고 수업 기술을 향상시킴으로써 교사로서의 자질 함양에 기여하고자 하는 데 있다. 따라서 이 단계에서 교육실습생은 대학에서 습득한 교육이론들을 학교 현장에 적용해 봄으로써 자신의 수업 기술이나 수업 능력을 점검해 보고 교직 적성에 대해 반성적으로 탐색해 볼 수 있다. 수업실습의 구체적인 내용은 다음과 같다(한상효 외, 2009: 86).

- 수업계획을 수립하는 능력을 기른다.
- 교육과정의 전체 구조를 이해하고, 전체 구조상 다루려고 하는 단원의 위계를 파악한다.
- 수업의 흐름을 이해하고, 적절한 학습내용과 방법을 선정 조직하는 능력을 기른다.
- 계획에 따라 수업을 전개하는 능력을 기른다.
- 수업 진행에 영향을 주는 여러 변인 상호 간의 역동적 관계를 체계적으로 이해한다.
- 학생에 대한 이해와 태도를 심화시킨다.
- 교과교사로서의 자질을 스스로 평가하며, 타인으로부터 평가받는 기회를 갖는다.
- 평가의 결과를 거울삼아 교사로서의 자질함양에 궁극적으로 기여한다.

이와 같은 수업 활동의 결과 교육실습생이 얻게 되는 수업 능력은 다음과 같다(최영종, 2010: 18).

- 교과과정에 대한 기본적 이해
- 수업 설계(교재연구, 지도안 작성, 학습자료, 수업매체 제작) 능력의 함양
- 적절한 평가 실시와 그 결과의 처리능력 향상
- 학습지도 능력 향상
- 수업전개 방법 습득 등

교육실습생은 실제 수업에 있어 수업계획을 철저히 수립하고 계획된 내용을 정해진 시간 내에 다룰 수 있도록 시간 배정을 효율적으로 함으로써 수업목표를 달성할 수 있도록 해야 한다. 또한 적절한 언어의 사용과 억양, 그리고 속도의 조절을 통해 학생들이 집중할 수 있도록 수업을 유도해야 한다. 수업 중 불분명하거나 불확실한 것에 대해서는 솔직하게 답변함으로써 학생들에게 정직한 태도로 임한다.

이상과 같은 수업실습을 통해 교육실습생은 수업 능력과 기술을 향상시키고 교직에 대한 전문성을 기르게 된다.

3) 실무실습

실무실습은 실습의 마지막 단계로서 교직에 관련된 모든 실무를 경험해 보는 과정이다. 이 과정에서는 이전에 실시한 참관실습과 수업실습의 내용을 모두 포함하며, 그 외에 교사가 수행해야 할 교직 업무 일체에 대한 내용이 추가된다. 따라서 실무실습의 내용은 학생 및 학교현장에 대한 관찰과 참가, 수업 계획 및 실행(교과 및 창의적 체험활동), 교육과정 편성 및 운영, 학급운영, 생활지도, 각 부서별 업무, 행정 및 사무처리 등 교직 전반에 대한 것을 종합적으로 실습하도록 구성한다. 실무실습의 내용은 [그림 2]와 같다.

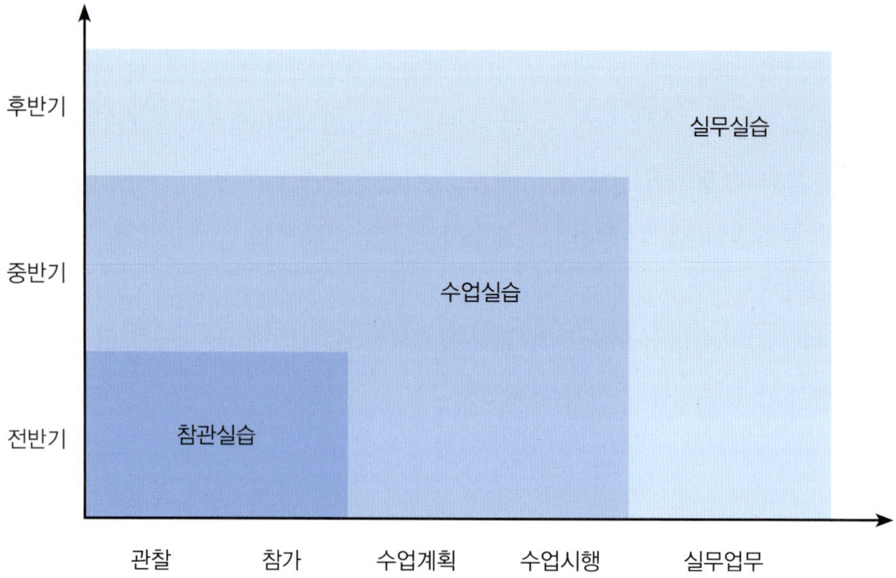

| 그림 2 | **실무실습의 내용**

[그림 2]에서 볼 수 있듯이, 실무실습의 내용은 실습 전반기의 참관실습의 내용과 실습 중반기의 수업실습, 그리고 실습 후반기의 그 외 기타 교육 관련 업무를 모두 포함한다. 따라서 이 시기에 교육실습은 구체적으로 관찰, 참가, 수업계획, 수업 운영, 학급담임 업무, 급식지도, 생활지도, 환경 도우미, 동아리활동, 창의적 체험 활동, 체육대회 등 학교행사, 행정 및 사무 업무 등 교직 전반에 대한 업무를 모두 포함하여 운영한다.

교육실습생은 실무실습을 통해 수업 이외의 교직 전반의 업무를 경험해 보고 자신의 적성을 탐색하고 반성해 보는 기회를 경험하게 된다. 예비교사로서 교직에 대한 실제적인 이해를 도모하고 이를 바탕으로 향후 교직에 나갈 때를 대비해 자신의 역량을 점검할 수 있다. 실무실습은 교사로서 첫 발판을 마련하는 기회를 제공한다.

3. 실습 후: 평가 단계

평가 단계는 교육실습이 끝난 후 교육실습생의 교육실습 활동에 대한 평가를 진행하고 피드백하는 과정이다. 평가의 과정을 통하여 교육실습생은 자신의 교육활동을 반성해 보고 교사로서의 자신의 적성이나 업무 능력을 진단해 볼 수 있다. 또한 평가의 결과는 대학에 보내져 교육실습 학점에 대한 이수 처리가 되어 교원자격증 취득에 반영된다. 평가의 과정 및 프로그램은 교육실습 학교 및 대학에서 진행하며 그 결과는 차후 실습을 위한 자료로 활용할 수 있도록 평가 결과를 정리 및 보관하여야 한다.

교육실습에서 평가는 교육실습의 목적에 비추어 실습 과정 및 성취 정도를 확인함으로써 교육실습생의 실습경험의 효과를 극대화하고 향후 교육실습 과정을 개선해 나가기 위해 반드시 필요한 과정이다. 평가는 교육실습생이 자신의 교육실습 과정을 반성적으로 검토함으로써 진정한 교사가 되는 데 필요한 자질과 능력을 갖출 수 있도록 하는 데에 의의가 있다.

1) 교육실습생 평가

교육실습이 종료되면 각 실습학교에서는 교육실습생을 평가하기 위하여 교육실습 평가회나 협의회를 개최한다. 교육실습 평가회에는 교육실습생과 지도교사, 그리고 그 외 교과 관련 교사 등이 참여하여 실습 과정과 결과에 대한 참여자 간의 상호 평가 및 피드백을 시행한다.

평가회를 통한 평가의 내용은 주로 교사로서의 일반적 능력이나 기술이 포함되며 또한 교사로서의 기본적 태도 및 자질 등도 포함된다. 구체적인 평가항목들을 살펴보면 다음과 같다(김헌수 외, 2011: 37).

(1) 교사로서의 일반적 능력이나 기술

- 학생에 대한 개성이나 적성 등을 이해하고 파악하여 학습동기를 유발할 수 있다.
- 학생의 생활문제를 제대로 파악하고, 이에 적절히 대응하고 지도 및 조언할 수 있다.
- 학생의 진로문제에 대해 상담하고 조언할 수 있다.
- 교과지도 계획을 상세히 수립할 수 있다.
- 교과나 교재에 대한 준비와 연구를 하여 학습지도를 충실히 할 수 있다.
- 학습지도의 방법이나 기법을 연구 심화하여 다양하고 참신한 수업을 할 수 있다.
- 학습평가를 포함하여 학생의 활동을 적절하게 평가할 수 있다.
- 학급 내에서나 학교 내에서 학생 또는 교사들과 좋은 인간관계를 형성하고 유지할 수 있다.
- 학급의 분위기를 조성하고 학급경영과 관리에 제반 사항을 잘 처리할 수 있다.
- 학교경영과 학급 경영상의 제반 사무를 적절히 처리할 수 있다.
- 효과적인 의사소통 능력과 무장 표현력이 있다.

(2) 교사로서의 기본적 태도나 자질

- 교육의 목표를 내면화하여 사명의식을 가지고 실천한다.
- 학생의 정신적 · 정서적 · 신체적 성장 발달에 개별적 관심을 가진다.
- 학생에 대한 신뢰감을 가지고, 학생을 긍정적이고 수용적으로 대한다.
- 교육상의 문제를 이해하고, 해결하려는 탐구심과 연구적인 노력이 강하다.
- 정서적으로 안정되고 학생지도에 일관성을 견지한다.
- 교양이 풍부하고 매사에 공정하고 긍정적이며 의욕적이다.

- 자기의 장점과 단점을 알고 단점을 고치려고 노력한다.
- 교육에 대한 열의와 교직에 대한 자부심을 가지고 있다.

실습학교에서 교육실습생에 대한 평가를 실시할 때 평가의 준거는 교육부에서 제안하는 교육실습 평가 5개 영역과 각 영역별 배점을 참고하여 실시할 수 있다(김헌수 외, 2011: 42-43).

| 표 2 | 교육부 교육실습 평가영역

영역	배점	구체적인 평가항목
근무태도	10%	근무상태(출석, 결석, 지각, 조퇴 등), 성실성
일반자질	15%	직무에 대한 책임감과 열의, 인성 및 교사로서의 품위, 신념, 학습자에 대한 태도
학습지도능력	50%	교재연구, 활동계획 및 계획안 작성, 자료 준비, 지도기술, 평가기술
연구조사활동	15%	연구태도 및 자세, 연구능력, 자료 수집 및 분석
학급경영 및 사무처리 능력	10%	생활지도, 환경정리, 사물처리, 학습자 관리

평가 주체인 지도교사나 해당 교과 교사, 그 외 교육실습 관련 교사 등은 평가항목에 해당하는 영역을 지속적으로 관찰하고 충분히 검토한 후 엄정하게 평가를 수행해야 한다. 이렇게 평가된 점수는 교육실습생이 제출한 교육실습 기록지(실습일지, 실습 결과보고서, Video · Audio파일, 포트폴리오 등)와 함께 대학으로 송부하여 교육실습 점수에 반영한다.

2) 자기 평가

자기 평가는 교육실습생 자신이 교육실습 과정에서의 경험을 되돌아보고 스스로 반성과 성찰하는 기회를 가지기 위해 반드시 필요한 과정이다. 따라서 교육실습 일지나 일기, 혹은 포트폴리오 등을 통해 실습 기간 동안 자신이 수행한 교사로서의 업무에서 무엇이 문제였고 가장 어려운 점은 무엇이었는지, 혹은 그 문제를 해결할 때 자신의 방법이 옳았는지 그렇지 않다면 어떻게 개선해야 하는지 등에 대해 진솔하게 반성해 보고 성찰해 보는 자기 평가를 실시해야 한다. 이러한 자기반성과 평가의 시간을 통해 향후 교사가 되었을 때 필요한 자질과 능력을 겸비할 수 있게 될 것이다.

3) 교육실습 프로그램 평가

교육실습 프로그램 평가는 교육실습의 계획 및 준비 단계, 운영 단계, 사후 평가 등을 종합적으로 검토함으로써 이후 교육실습 프로그램을 개선하는 데 목적이 있다. 교육실습 프로그램 평가의 내용으로는 교육실습 운영 계획이 효율적으로 잘 짜여졌는지, 교육실습 운영에 대한 준비는 잘 되어 있었는지, 실제적인 운영 과정에서 문제점은 없었는지, 교육실습 지도교사 배정은 적절했는지, 교육실습 지도는 잘 이루어졌는지 등에 대한 것들로 구성된다. 평가 방법은 실습학교 자체 평가 및 교육실습생 만족도 조사, 체크리스트, 토론회 등을 통해 실시할 수 있다. 평가 결과는 자료화하여, 다음 교육실습할 때 그 내용을 반영함으로써 교육실습의 개선으로 연결되어야 한다. 교육실습의 계획, 운영, 지도 등을 평가한 결과는 향후 교육실습의 방향과 방법을 개선하는 자료로 활용되어야 한다.

제3장

교육실습 운영 지원

정용재

교육실습이 원활하고 의미 있게 이뤄지기 위해서는 교육실습 운영을 지원하는 관련 기관과 주체들의 적절하고 효율적인 지원 시스템 구축 및 지원 활동이 필수적이다(신형석 외, 2018). 교육실습 운영을 지원하는 기관과 주체는 크게 교육부/교육청, 대학, 실습학교, 지도교사로 나누어 볼 수 있다. 이 장에서는 이들 관련 기관과 주체별로 교육실습 운영 지원을 위한 역할에 대해 논의하였다.

1. 교육부/교육청의 역할

1) 교육부의 역할

(1) 교육실습 관련 규정 정비

교육부는 각종 규정의 제정과 개정을 추진해야 한다. 우리나라는 교사 자격 기준을 법률과 법령으로 엄격히 규정하고 있다. 「초·중등교육법(법률 제15961호)」 제21조 제2항에서는 "교사는 정교사(1급·2급), 준교사, 전문상담교사(1급·2급), 사서교사(1급·2급), 실기교사, 보건교사(1급·2급) 및 영양교사(1급·2급)로 나누되, [별표 2]의 자격 기준에 해당하는 사람으로서 대통령령으로 정하는 바에 따라 교육부장관이 검정·수여하는 자격증을 받은 사람이어야 한다. 〈개정 2013. 3. 23.〉"고 제시하여 교사의 종류와 그 자격을 대통령령으로 정하고 있음을 명시하고 있다. 그리고 이 조항에 근거하여 「교원자격검정령(대통령령 제29860호)」에서 상세한 교사의 자격에 대해 명시하고 있다. 예를 들어, 「교원자격검정령」 제19조 제3항과 관련된 [별표 1] '무시험검정 합격기준'에서는 교육대학 또는 사범대학을 졸업한 사람은 전공과목 50학점 이상과 교직과목 22학점 이상을 이수해야 교사 자격증이 발급될 수 있음을 명시하고 있다.

특히 교육실습과 관련하여서는, 교육부령의 「교원자격검정령 시행규칙」 제

12조 제5항에서는 교직과목의 세부 이수 분야를 '교직이론'과 '교직소양'으로 하며 각 분야의 세부과목은 교육부장관이 정한다고 명시하고 있는데, 이에 따른 「유치원 및 초등·중등·특수학교 등의 교사자격 취득을 위한 세부기준(교육부 고시 제2019-182호)」 제6조 제4항에서 "교육실습 중 학교현장실습은 1학점당 2주(또는 80시간 이상)로 한다."고 명시하고 있다. 그리고 이와 관련하여 [별표 2] '교사자격종별 교직과목 세부 이수기준'에 따르면, 정교사(2급) 자격을 취득하기 위해서는 교직이론 분야에서 12학점 이상, 교직소양 분야에서 6학점 이상, 그리고 '교육실습' 분야에서 "4학점 이상, 학교현장실습(2학점 이상), 교육봉사활동(2학점 이상 포함 가능)"으로 명시하고 있다.

아울러서 「교원자격검정령」의 제20조의 5항과 6항에서는 다음과 같이 교육실습과 관련하여 교원양성기관의 장과 교육감의 의무에 대해 법령으로 명시하고 있다.

교원자격검정령 제20조(교직과정의 설치 등)

⑤ 교원양성기관의 장은 사회적·시대적 변화에 적절한 교육과정을 운영하고, 교육실습지원학교와의 교류협력을 활성화하여야 한다. 〈신설 2007. 12. 20.〉

⑥ 교육감은 해당 교육청에 교육실습 협력부서를 지정·운영하여야 한다. 〈신설 2007. 12. 20.〉

이상에서 살펴본 바와 같이 우리나라는 교사 자격 기준을 법률과 법령으로 엄격히 규정하고 있으며, 교사 자격을 취득하기 위해서는 4학점 이상의 교육실습[학교현장실습(2학점 이상), 교육봉사활동(2학점 이상 포함 가능)]이 필수적임을 법률과 법령, 시행규칙 등에서 명시하고 있다. 또한, 교원양성기관의 장과 교육감이 의무적으로 교육실습 운영을 위해 지원해야 함도 명시하고 있다.

이와 같이 현재 이뤄지고 있는 교육실습이 법률과 법령, 시행규칙 등에 의거하여 운영되고 있다는 것은 교육실습 관련 법률과 법령, 각종 규정 등이 어떻게 되어 있는가에 따라 교육실습의 운영이 달라질 수밖에 없음을 말해 준다. 예를 들어, 교육부령의 「교원자격검정령 시행규칙」과 「유치원 및 초등·중등·특수학교 등의 교사자격 취득을 위한 세부기준(교육부 고시 제2019-182호)」에서는 학교현장실습을 2학점 이상으로 명시하고 있는데, 만약 이를 4학점 혹은 6학점 이상으로 명시한다면 각 교원양성대학에서 이뤄지고 있는 학교현장실습은 현재보다 더 강화되어 운영될 수밖에 없다. 한편, 학교현장실습이 1학점 이하로 된다면, 학교현장실습은 축소되게 된다. 우리나라의 학교현장실습 기간이 충분하지 않다는 우려가 지속적으로 제기되었기 때문에(박수정·박정우, 2019; 정미경 외, 2010), 학교현장실습의 기간을 늘리기 위한 교육부의 노력이 필요할 것이다.

또 다른 예로 현재는 「교원자격검정령(대통령령 제29860호)」에서 "교육감은 해당 교육청에 교육실습 협력부서를 지정·운영하여야 한다."고 명시하고 있어 이를 근거로 교원양성대학과 각 시·도교육청의 협력이 적극적으로 이뤄지고 있지만, 만약 이 조항이 폐지된다면, 각 시·도교육청의 상황이나 주안점에 따라 학교현장실습 운영은 상당한 어려움을 겪을 수 있을 것이다.

이러한 점들을 고려할 때, 교육부는 교육실습 관련 법률과 법령, 시행규칙 등의 적절한 제정과 개정을 추진해야 한다. 물론, 이러한 것이 가능하게 하기 위해서는 우선 각종 교원자격을 취득하기 위해 어느 정도의 교육실습과 어떤 내용의 교육실습을 반드시 이수해야 하는지에 대한 연구와 공감대가 선행되어야 할 것이다. 즉, 교원자격을 취득하는 데 필요한 적절한 수준과 질을 담보한 교육실습을 운영하기 위해서는 어떠한 법률과 법령, 시행규칙 등이 필요한지를 연구하고, 이를 바탕으로 경우에 따라서 관련 규정을 새로이 제·개정하거나, 폐지하는 등, 교육부는 교육실습 관련 규정 정비를 지속적으로 추진해야 한다.

(2) 교육실습 표준 매뉴얼 마련

교육부는 각종 교육실습 운영을 위한 표준 매뉴얼을 개발하여 보급할 필요가 있다. 물론 실제 학교현장실습 운영은 각 지역의 특성이 반영될 필요가 있다. 즉, 각 교원양성대학에서 추구하는 중점 사항이나 각 시·도교육청에서 지향하는 교육 목표, 그리고 각 실습학교의 교육목표와 실정 등이 반영되어 각 지역에서 필요로 하는 양질의 교육실습 프로그램이 운영되어야 한다. 따라서 각 교원양성대학, 각 시·도교육청, 각 교육실습학교에서는 각 지역의 특성을 감안한 교육실습 매뉴얼을 개발하고 이를 활용해야 한다. 그럼에도 불구하고, 각 지역의 특성을 반영함과 동시에 교육실습은 국가 차원에서 지향하고 있는 교육의 목표에도 부합해야 한다. 예를 들어, 2015 개정 초·중등학교 교육과정 총론(교육부, 2015: 2)에서는 다음과 같이 6가지의 핵심역량을 강조하고 있다.

가. 자아정체성과 자신감을 가지고 자신의 삶과 진로에 필요한 기초 능력과 자질을 갖추어 자기주도적으로 살아갈 수 있는 자기관리 역량
나. 문제를 합리적으로 해결하기 위하여 다양한 영역의 지식과 정보를 처리하고 활용할 수 있는 지식정보처리 역량
다. 폭넓은 기초 지식을 바탕으로 다양한 전문 분야의 지식, 기술, 경험을 융합적으로 활용하여 새로운 것을 창출하는 창의적 사고 역량
라. 인간에 대한 공감적 이해와 문화적 감수성을 바탕으로 삶의 의미와 가치를 발견하고 향유하는 심미적 감성 역량
마. 다양한 상황에서 자신의 생각과 감정을 효과적으로 표현하고 다른 사람의 의견을 경청하며 존중하는 의사소통 역량
바. 지역·국가·세계 공동체의 구성원에게 요구되는 가치와 태도를 가지고 공동체 발전에 적극적으로 참여하는 공동체 역량

국가 수준의 교육과정에서 교과교육을 포함한 학교 교육 전 과정을 통해 중점적으로 기르고자 하는 핵심역량을 위와 같은 6가지의 핵심역량으로 선정하였다는 것은 학생들을 지도할 예비교원에게도 6가지 핵심역량의 함양을 지도할 수 있는 교육 역량을 길러 줄 필요가 있음을 의미한다. 그렇다면, 이러한 6가지 핵심역량의 함양을 위한 예비교원의 교육 역량을 기르기 위해서는 학교현장실습 프로그램에 어떠한 내용과 활동이 필요할까? 물론 이에 대한 응답과 이를 위한 노력은 각 교원양성대학과 시·도교육청, 각 실습학교에서도 고려해야 한다. 하지만, 국가 차원에서 강조하는 사항이 실제 예비교원의 교육실습에서 추구될 수 있도록 지원하는 것은 국가 차원에서도 이뤄져야 할 것이고, 이것은 교

육부가 해야 할 역할이다. 즉, 국가 차원에서 강조하는 교육 역량의 포함을 비롯하여, 예비교원을 위한 교육실습이 어떠한 내용과 방법으로 이루어져야 하는지에 대해 교육부는 각 교원양성기관과 시·도교육청, 각 실습학교에서 학교현장실습 매뉴얼 개발 시 참고할 수 있는 표준 매뉴얼을 개발하고 이를 보급하는 역할을 수행할 필요가 있다. 현재도 교육부에서 발행한 교원자격검정 실무편람이 학교현장실습 매뉴얼의 일부 기능을 담당하고 있다. 그러나 실무편람은 각종 근거 규정에 따라 필수적으로 실행해야 하는 사항들과 일부 서식을 제공하고 있을 뿐 구체적인 교육실습 프로그램에 대한 안내 역할은 미흡한 실정이다. 추후 국가 차원의 교육실습 표준 매뉴얼의 개발과 보급이 이뤄진다면, 각 교원양성기관과 시·도교육청, 부설학교 및 학교현장실습지원(협력)학교 등에서 교육실습 관련 매뉴얼을 개발하여 실행하는 데에 좋은 참고자료가 될 수 있을 것이다.

2) 시·도교육청의 역할

(1) 교육실습 협력부서 운영

각 시·도교육청은 교육실습 협력부서를 운영하여, 교육실습 운영을 지원해야 한다. 교육부는 각종 규정의 제정과 개정을 추진해야 한다. 우리나라「교원자격검정령」의 제20조 6항에서는 "교육감은 해당 교육청에 교육실습 협력부서를 지정·운영하여야 한다. 〈신설 2007. 12. 20.〉"고 교육감의 의무 사항을 명시하고 있다. 이에 따라 각 시·도교육청에서는 교육실습 협력학교 기획 및 운영을 담당하는 부서를 지정하여 운영하고 있다.

(2) 교육실습 협력학교 선정

각 시·도교육청은 교원양성기관과 협력하여 적절한 교육실습 협력학교 선정과 학교현장실습이 원활히 이뤄질 수 있도록 지원해야 한다. 교원양성기관과 현장학교 간 협력관계의 강화는 학교현장실습을 위해 필수적이기 때문이다(주미경·양성관, 2007). 우리나라 「고등교육법(법률 제15332호)」 제45조 제1항과 제2항에서는 "교육대학·사범대학 및 종합교원양성대학에는 다음 각호의 구분에 따라 재학생의 현장연구 및 실습을 위한 학교를 부설한다."고 명시하고 있고, 특별한 사정이 있는 경우에는 "국립·공립 또는 사립의 초등학교·중학교·고등학교나 특수학교를 부설학교로 대용(代用)할 수 있다."고 명시하고 있다. 한편, 「유치원 및 초등·중등·특수학교 등의 교사자격 취득을 위한 세부기준(교육부 고시 제2019-182호)」에서는 다음과 같이 학교현장실습과 관련하여 그 시간과 가능한 기관에 대해 명시하고 있다.

> **유치원 및 초등·중등·특수학교 등의 교사자격 취득을 위한 세부기준 제6조(교직과목 세부 이수기준)**
>
> ④ 교육실습 중 학교현장실습은 1학점당 2주(또는 80시간 이상)로 한다. 학교현장실습이 가능한 기관은 다음 각호와 같다.
> 1. 「유아교육법」 제2조에 따른 유치원
> 2. 「초·중등교육법」 제2조에 따른 학교
> 3. 「재외국민의 교육지원 등에 관한 법률」 제2조에 따른 한국학교
> 4. 「평생교육법」 제31조 제2항에 따른 학력인정 평생교육시설
> 5. 교원양성기관에서 교류 협정을 체결한 외국의 대학 또는 교육청이 지정한 정규 유치원 및 초·중등학교

즉, 학교현장실습은 기본적으로 각 교원양성기관의 부설(혹은 대용 부설) 초등학교·중학교·고등학교에서 이루어지나, 필요시 교육청이 지정한 정규 유치원 및 초·중등학교에서도 이뤄지게 된다. 이에 대해 2018년도 교원자격검정 실무편람(교육부, 2018: 72-73)에서는 "학교현장실습지원(협력)학교는 양성기관의 장이 책임지고 선정해야 하나, 학생이 희망하는 경우 개별적으로 선정할 수

있다."고 명시하면서, "시·도교육청은 법령(「교원자격검정령」 제20조 제6항)에 따라 의무적으로 교육실습 협력 부서를 지정·운영하도록 되어 있으므로, 교원양성기관은 교육실습 대상학교의 선정이 필요한 경우 시·도교육청과 상호 협의해야 한다."고 명시하고 있다. 따라서 각 시·도교육청은 교육실습 협력 부서를 지정·운영하면서 교원양성기관의 요청과 협력을 바탕으로 적절한 학교현장실습 기관이 선정되고 운영될 수 있도록 지원해야 한다.

(3) 학교현장실습지원(협력) 학교 및 실습 지도교사 지원

각 시·도교육청의 학교현장실습지원 방안에는 학교현장실습지원(협력)학교와 실습 지도교사에 대한 지원 방안도 포함된다. 예를 들어, 학교현장실습생을 맡아 지도하는 실습 지도교사에게 일정 정도의 연구점수를 부여하는 등의 인센티브 제공은 힘들고 어려운 실습 지도를 선호하지 않는 현장 분위기를 개선하는 데에 도움이 될 것이다. 또 다른 예로 학교현장실습지원(협력)학교이긴 하나, 학생의 희망에 따르거나 여러 사정상 소수의 실습생을 교육하는 학교의 경우 제대로 된 교육실습 매뉴얼이 없는 사례가 있기 때문에(공주교육대학교 글로벌인재교육센터, 2019), 교육실습운영계획과 프로그램을 포함하는 교육실습 매뉴얼을 제공하는 것 역시 시·교육청에서 학교현장실습을 지원하는 한 방안이 될 수 있을 것이다.

2. 대학의 역할

1) 실습학교 지정·운영

교육대학교와 사범대학 등의 교원양성기관은 학교현장실습을 위해 부설학교 혹은 대용부설학교를 지정하여 운영하여야 한다. 이와 관련하여 우리나라 「고등교육법(법률 제15332호)」에서는 다음과 같이 부설학교에 대한 규정을 명시하고 있다.

고등교육법 제45조(부설학교)

① 교육대학·사범대학 및 종합교원양성대학에는 다음 각호의 구분에 따라 재학생의 현장연구 및 실습을 위한 학교를 부설한다.
1. 교육대학: 초등학교
2. 사범대학: 중학교와 고등학교
3. 종합교원양성대학: 초등학교, 중학교와 고등학교

② 제1항에도 불구하고 특별한 사정이 있는 경우에는 국립·공립 또는 사립의 초등학교·중학교·고등학교나 특수학교를 부설학교로 대용(代用)할 수 있다.

③ 교육대학·사범대학 및 종합교원양성대학은 필요한 경우 제1항에 따른 부설학교 외에 유치원·초등학교나 특수학교를 부설할 수 있다.

④ 교육대학, 국립·공립의 사범대학 및 종합교원양성대학에 부설하는 유치원·초등학교·중학교 및 고등학교에는 특수교육이 필요한 학생을 위하여 특수학급을 둔다.

⑤ 제4항에 따른 특수학급의 설치기준은 「장애인 등에 대한 특수교육법」 제27조에 따른다. [전문개정 2011. 7. 21.]

이에 따라 각 교원양성기관은 부설학교 혹은 대용부설학교를 지정·운영하여, 교육연구와 함께 예비교원의 학교현장실습이 이뤄질 수 있도록 해야 한다. 이는 법률에 의거하여 교원양성기관에 의무적으로 부과된 역할이다.

2) 교육실습계획 수립

교육대학교와 사범대학 등의 교원양성기관은 체계적이고 의미 있는 교육실습이 이뤄질 수 있도록 학교현장실습을 포함한 교육실습계획을 세워 각 시·도 교육청과의 협력하에 실행해야 한다. 이와 관련하여 2018년도 교원자격검정 실무편람(교육부, 2018: 73)에서는 다음과 같이 교원양성기관의 역할을 명시하고 있다.

시·도교육청 및 교육실습 대상학교와의 협력

① 시·도교육청은 법령(「교원자격검정령」 제20조 제6항)에 따라 의무적으로 교육실습 협력 부서를 지정·운영하도록 되어 있으므로, 교원양성기관은 교육실습 대상학교의 선정이 필요한 경우 시·도교육청과 상호 협의해야 한다.
② 교원양성기관은 교육실습 시작 14일 전까지 교육실습 일정, 내용, 인원 등이 포함된 교육실습계획을 교육실습지원(협력)학교와 협의를 완료해야 하며, 교육실습이 원활히 진행될 수 있도록 적극 노력해야 한다.

위 내용에서 볼 수 있듯이, 교원양성기관은 부설학교 이외의 교육실습 학교가 필요한 경우 시·도교육청과 상호 협의하여 학교현장실습지원(협력)학교를 선정하고 운영해야 한다. 이때, 교원양성기관은 교육실습 일정, 내용, 인원 등이 포함된 교육실습계획을 학교현장실습지원(협력)학교와 협의하여 교육실습 시작 14일 전까지 완료하고 교육실습의 실행을 적극 지원해야 한다.

그런데 이와 같은 교육실습지원 역할을 원활히 수행하기 위해서는 교원양성기관에서는 체계적이고 구체적인 교육실습계획을 수립하여 실행할 필요가 있다. 예를 들어, 2학점 이상 이수해야 하는 학교현장실습과 관련하여 「유치원 및 초등·중등·특수학교 등의 교사자격 취득을 위한 세부기준(교육부 고시 제2019-182호)」 제6조 제4항에서 "교육실습 중 학교현장실습은 1학점당 2주(또는 80시간 이상)로 한다."고 명시하고 있다. 또한, 2018년도 교원자격검정 실무편람(교육부, 2018: 69)에서는 학교현장실습의 기본교수요목을 다음과 같이 제시하고 있다.

- 대학에서 교육실습 이론교육을 이수한 후 취득하고자 하는 교사자격증에 해당하는 유치원 및 초등·중등·특수학교에서 직접 교육실습을 실시한다.
  ※ 운영형태: 참관실습, 수업실습, 실무실습(보건교사, 사서교사, 전문상담교사, 영양교사는 직무 중심의 실무실습을 주로 하되, 참관 및 수업실습도 병행 가능)
- 대학의 장은 선정된 협력학교의 여건을 고려하여 매년 학교현장실습계획을 수립 시 다음과 같은 사항을 반영한다.
  1. 참관·수업실습: 교과(군)수업과 창의적 체험활동 수업참관을 포함
  2. 실무실습: 취득하고자 하는 자격종의 직무 및 수업, 학생평가 실무를 포함
  3. 학교현장실습의 구체적 실습 목적에 따라 구분하여 운영 권장
     예 초등: 2학년 참관-3학년 수업-4학년 실무
     중등: 참관 및 수업실습 주간(2주)과 수업과 실무실습주간(2주)으로 구분 운영

따라서 각 교원양성기관은 기본적으로 법률과 법령에서 명시하고 있는 규정에 맞게 교육실습계획을 체계적으로 수립하여 시행할 필요가 있다. 예를 들어, 초등 예비교원의 학교현장실습은 2학년은 참관 중심의 실습으로, 3학년은 수업 중심의 실습으로, 4학년은 실무 중심의 실습으로 총 4주 이상(또는 160시간 이상) 운영되도록 계획을 수립하여 실행해야 한다. 중등예비교원의 경우는 참관 및 수업실습 주간(2주)과 수업과 실무실습주간(2주) 등으로 구분하여 역시 총 4주 이상(또는 160시간 이상) 운영되도록 계획을 수립하여 실행해야 한다. 다음의 예시는 초등교원양성기관인 공주교육대학교의 홈페이지에 게시되어 있는 2019년 교육실습계획 중 중 학교현장실습계획(공주교육대학교 홈페이지. 학사안내〉학사도우미〉교육실습)의 일부이다.

| 표 3 | 2019년 공주교육대학교 교육실습계획 중 일부

교육실습

우리 대학교의 교육실습은 교육실습 I(참관실습), 교육실습II(수업실습), 교육실습III(종합실습), 교육실습IV(협력실습) 등으로 구분하여 단계별로 실시된다. 협력실습(교육봉사)은 1학년에서 시작하여 4학년까지, 참관실습은 2학년, 수업실습은 3학년, 종합실습은 4학년에 각각 실시된다.

교육실습의 목적

교육실습의 목적은 교육이론을 교육현장에 적용·실천함으로써 교육 전반에 관한 정확한 이해와 필요한 능력을 습득하고 교사로서의 올바른 태도를 확립하여 교사의 역할을 성공적으로 수행할 수 있는 바탕을 기르는 데 있다.

교육실습의 유형 및 내용

교육실습은 참관실습, 수업실습, 종합실습, 협력실습의 단계를 거쳐 실시된다.

학년/학기	실습명	이수학점	운영형태
2학년 1학기	참관실습	1학점(P/F)	현장실습
3학년 2학기	수업실습	1학점	현장실습
4학년 1학기	종합실습	2017학년도 이전 입학자: 2학점 2018학년도 이후 입학자: 1학점	현장실습
1~4학년	협력실습	2017학년도 이전 입학자: 1학점 2018학년도 이후 입학자: 2학점	교육봉사 2017학년도 이전 입학자: 40시간 2018학년도 이후 입학자: 60시간

가. 실습 I(참관실습)

교육현장에 직접 참가하여 학생, 교사, 교육환경 및 교육과정 운영실태 등을 관찰하고 지도교사의 교육활동을 보조하는 일을 통하여 교사의 역할과 임무에 관한 실제적 지식을 얻는다. 영역별 실습내용은 다음과 같다.

영역	실습내용
학생관찰	학생의 지적·정의적·신체적 발달 특성
교직생활	교직원의 인적 구성과 사무분장, 교직관, 교사의 직무, 근무상 유의점, 직원회 과정
교육환경	학교의 입지, 건물 및 시설, 교실 환경구성, 지역사회 특성
교육과정	교과지도, 창의적 체험활동지도, 생활지도, 학급 및 학교 경영

나. 실습II(수업실습)

교육현장에서 교수-학습의 원리에 대한 이해를 깊게 하고 실제 수업지도의 경험을 가짐으로써 수업전개에 필요한 자질과 능력을 향상시킨다. 교수-학습지도뿐만 아니라 생활지도, 상담, 특별활동지도 등에 대한 경험도 함께 가짐으로써 담임교사로서의 능력과 자질을 향상시킨다. 영역별 실습내용은 다음과 같다.

영역	실습내용
교수·학습 계획	교수-학습의 성격, 목표, 내용, 방법 및 평가
교수·학습 실제	교수-학습의 원리, 교수-학습 전개 및 결과의 반성, 수업분석
생활지도 및 상담	학생의 가정환경, 교실내외의 교육적 여건, 학생의 언어·행동 특성, 교우관계 및 공동생활의 모습, 취미와 놀이 모습

다. 실습III(종합실습)

종합실습에서는 교수-학습지도와 생활지도 능력을 더욱 심화 발전시키며, 더 나아가 학급업무, 학교업무 등 교사가 일반적으로 처리해야 하는 행정업무와 문서작성 및 기록업무 등을 주로 실습한다. 영역별 실습내용은 다음과 같다.

영역	실습내용
교육자의 자세	교육자로서 갖추어야 할 교육관과 품성, 교육자로서의 언어와 행동, 근무 자세와 인간관계
교수·학습지도 및 평가	교수-학습 과정안 작성, 학생관찰 및 이해, 다른 교사의 지도 사례 탐구, 관련 교재 연구 및 기자재 점검, 평가실시 및 결과 기록
학교업무	학교업무 파악, 공문서 작성 및 처리, 각종 업무 추진 계획 수립
학급업무	학급경영, 교실환경, 학부모 상담

3) 학교현장실습의 행·재정 및 제도적 지원

교육대학교와 사범대학 등의 교원양성기관은 학교현장실습이 원활하고 의미 있게 이뤄질 수 있도록 각종 행정 및 제도적 지원을 해야 한다. 우선, 각 시·도 교육청, 학교현장실습지원(협력)학교 등과 협의하에 각종 안내 사항이 예비교원들에게 전달될 수 있도록 지원해야 한다. 예를 들어, 대학에서 지정한 학교현장실습지원(협력)학교에 대해 안내하고, 학생들이 선호하는 학교현장실습지원

(협력)학교를 신청할 수 있도록 안내해야 한다. 또한, 각 학교현장실습지원(협력)학교에서 요청하는 사항들을 예비교원들에게 안내해야 한다. 아울러서, 교육실습에 대한 오리엔테이션을 대학 차원에서 제도적으로 운영함으로써, 각종 안내사항과 더불어 교육실습생으로서 주의해야 할 사항, 교육실습에 임하는 자세, 성폭력 예방 교육 등의 사전교육을 실시할 필요가 있다. 다음은 공주교육대학교의 홈페이지에 게시되어 있는 2019년 수업실습 오리엔테이션 계획 공지 내용이다.

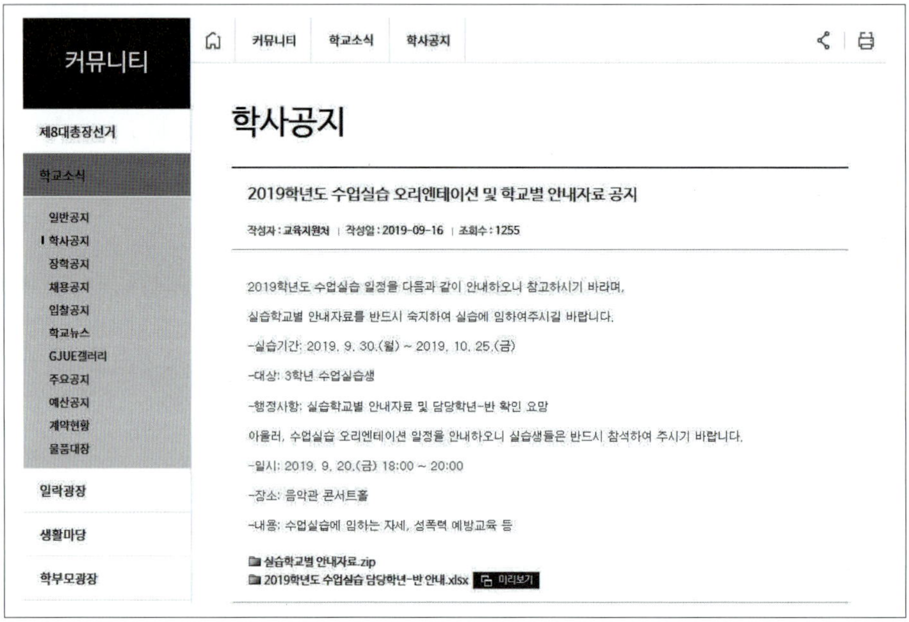

| 그림 3 | 2019 공주교육대학교 수업실습 오리엔테이션 계획 공지 화면

출처: 공주교육대학교(2019. 09. 16.).

한편, 대학은 학교현장실습이 좀 더 의미 있게 이뤄질 수 있도록 지원하는 제도를 갖추고 운영할 필요가 있다. 예를 들어, 학교현장실습지원(협력)학교와 협의하여 실시하는 '수업실기능력 인증' 제도와 같은 것이 그것이다. 대학에서는 예비교원의 무시험자격을 위한 필수 사항으로 '수업실기능력 인증'을 필해야 함을 제도화하여 운영할 수 있고, 각 학교현장실습지원(협력)학교에서는 이를 실제로 시행하기 위한 계획을 세워 실시한 후, 인증을 받은 예비교원들을 대학에 제출하는 방식으로 운영될 수 있다. 실제로 공주교육대학교의 경우, 졸업자격을 충족하기 위해서는 '인성·역량 인증'을 통과(P/F)해야 하며, 인증 대상 중에 '수업실기능력 인증'을 필수로 운영하고 있다. 다음은 공주교육대학교의 요청에 의해 2019년 현재 공주교육대학교 부설초등학교에서 실시하고 있는 '수업실기능력 인증' 제도 운영 계획(공주교육대학교 부설초등학교, 2019)의 일부이다.

| 표 4 | 2019년 공주교육대학교 부설초등학교 수업실기능력 인증제 실시 계획 중 일부

2019학년도 수업실기능력 인증제 실시 계획

공주교육대학교부설초등학교

1. 목적

교육 실습생들의 수업 실기 능력을 평가함으로써 수업 실기에 대한 관심과 노력으로 교육 실습생들의 수업 실기 능력의 향상을 도모한다.

2. 방침

가. 평가는 평가단에 의해 실시하고 평가단은 본교에서 지정한 조건에 따른다.
나. 교육실습의 평가 점수와는 별개로 운영된다.
다. 수업실기능력 인증제는 P(Pass)/F(Fail)제로 운영한다.
라. 평가 점수 평균이 70점 이상일 경우 수업 실기능력을 인증한다.
마. 평가 점수 평균이 70점 미만일 경우에는 해당 연도에 수업실기능력 인증제를 1회 더 실시할 수 있다.

3. 수업실기능력 인증제 적용 방안

구분	적용 방안
인증위원 구성	평가 대상별 본교 교원 2명(담임 및 담임 이외의 교원)
인증시기 및 평가 횟수	공주교대의 요청에 의한 수업실습 기간 중 평가
평가 장소	교육실습생 배정 학급
평가 대상	공주교육대학교 3학년 교육실습생 112명
인증 교과 및 단원 선정	공주교육대학교 심화과정을 고려하여 담임교사와 수업자가 함께(교과, 단원 등) 선택
평가 영역	교수-학습 과정안, 교사의 활동, 학생 활동
교수-학습 과정안 작성 제출	수업 평가 3일 전에 미리 평가위원에게 사전 전달함
평가 비율	교수-학습 과정안(20%), 실기(80%)

(중략)

6. 수업실기능력 평가 준거

수업실기능력 평가지표

구분	항목	세부 항목	배점
교수-학습 과정안	① 교수-학습 과정안	• 교과 이해, 학습자 특성, 수업 이해를 바탕으로 적절한 수업전략 활용 • 교육실습 인증교사, 지도교수, 멘토링 담당 지도교사와 협의	20
교사 활동	② 과제 제시의 명료성	• 도입 단계에서 수업목표를 명확하게 제시 • 본 수업내용과 지난 수업내용을 관련하여 제시 • 학습내용, 과제의 윤곽을 명쾌하게 설명하기	5
	③ 수업 과정	• 교과, 교재의 특성에 맞는 수업과정 모형 적용 • 교과, 교재의 특성에 맞는 수업형태 적용	5
	④ 교사의 발문	• 재생적 발문보다 추론, 적용적 발문 적용 • 목적이 뚜렷하고 명료함. 학년수준, 개인차를 고려한 발문 • 발문을 한 후에 학생들이 답변을 생각할 여유 주기	5
	⑤ 교수 용어	• 듣기 거북할 정도로 불필요한 용어 지양 • 지나치게 빠르거나 느린 어조 피하고 명확하고 알아듣기 쉬운 용어 • 음성의 고저는 학습의 강조점에 따라 다양하게 조절하기	10
	⑥ 학습 동기 부여	• 발문, 매체활용, 다양한 방법으로 학습의 흥미 자극 • 학생의 아이디어에 대한 칭찬, 격려 또는 활용하기 • 학생 발표에 대한 진지한 관심 갖기, 학습에 호기심 유도	5
	⑦ 학생과 관계 형성 및 유지	• 학생과 라포르를 형성하고 가능한 한 여러 학생과 눈 마주침 • 학생들과 공정성 유지, 적절한 순회지도 • 세심한 배려를 통한 학생의 인격존중 • 학습자 간의 방해 행동 관리	5
	⑧ 교사의 기능 발휘	• 학생이 수업에 도전감을 갖도록 유도하고 피드백 정보를 기술적으로 활용 • 다수의 발표기회 제공하고 수업의 난이도 조절하기 • 학생의 주의집중을 위해 질문 활용하기 • 학생의 당황함, 지루함, 호기심 등을 주의 깊게 관찰하고 대처하기	10
	⑨ 수업 매체 활용	• 준비된 자료를 능숙하게 조작하기 • 학습에 흥미, 관심, 동기 부여토록 조작하기 • 적당한 시간, 장소, 방법의 원리에 입각한 내용	10
	⑩ 정리하기	• 내용을 명확하게 요약하여 안내하고 학생의 정리 발표 • 문자, 도해, 구조 등을 활용하는 구조화된 판서 및 정리자료	5
	⑪ 학습 준비	• 학습과 관련한 과제(숙제)해결 상태 • 학생이 필요한 자료준비 상태	5
학생 활동	⑫ 학습 의욕 및 참여	• 토의 활동에 고무되고 학습활동에 몰입 분위기 • 발표에 다수 참여하고 자주적이고 활기찬 분위기	5
	⑬ 학생 발언	• 단순 재생적 답변보다 추론, 적용적 답변 • 교사 발문에 대해 생각을 하고 나서 대답하기, 친구발표를 잘 듣고 대답	5
	⑭ 학습 정리	• 자기 스스로 필요에 의해 정리하기 • 자기의 생각을 나타낼 수 있는 올바른 정리	5
계			100

4) 대학교수의 예비교사 지도 지원

교육대학교와 사범대학 등의 교원양성기관은 대학의 교수가 학교현장실습에 임하고 있는 예비교원을 지도할 수 있도록 지원해야 한다. 즉, 대학의 교수가 교육실습생을 지도할 수 있도록 제도적인 여건을 마련해야 하며, 이를 장려할 수 있는 지원책도 마련해야 한다. 교원양성기관은 예비교원들이 학교 현장을 이해하고 실질적인 교수능력을 갖추도록 교육해야 한다. 이는 예비교원이 대학에서 배우는 다양한 학문 분야의 이론을 학교 현장과 관련지어 학습하고 적용할 수 있도록 함을 포함한다. 그리고 예비교원들은 특히 학교현장실습을 통해 가치관을 포함한 현장밀착형 교수 역량을 기를 수 있다(강경리, 2019; 김영식 외, 2012; 나승일 외, 2012; 정혜영, 2008; 한재영, 2013). 즉, 예비교원의 현장밀착형 교수 역량의 한쪽 끝에는 유·초·중등 학생들과 교사가 있는 실제 학교 현장이 있으며, 다른 쪽 끝에는 대학의 교육과 이를 실행하고 있는 교수가 있다. 따라서 예비교원의 학교현장실습이 이론과 실제를 연결하면서 의미 있게 이뤄지기 위해서는 학교현장실습에 임하고 있는 예비교원에 대한 대학 교수들의 지속적인 지도가 필요하다.

대학은 바로 이러한 대학 교수의 학교현장교육실습 지도가 용이하게 이뤄지고, 또 장려할 수 있는 지원책을 마련하여 운영해야 한다. 예를 들어, 예비교원의 학교현장실습계획에 대한 교수의 사전 지도, 학교현장실습 중 교수의 학교현장실습지원(협력)학교 방문 및 수업 참관 지도, 학교현장실습 후 교수의 추수지도 등이 이뤄질 수 있도록 지원해야 한다. 또한, 오프라인/온라인상에서 예비교원의 수업안을 검토하고 피드백을 할 수 있도록 지원해야 한다. 그리고 이러한 대학 교수의 지도를 장려하기 위한 각종 제도의 마련과 행정적 지원도 이루어져야 한다.

5) 교육실습지원 시스템 구축 및 운영

교육대학교와 사범대학 등의 교원양성기관은 의미 있고 원활한 학교현장실습 운영을 위해 적절한 교육실습지원 시스템을 구축하고 운영할 필요가 있다(신형석 외, 2018; 성신여자대학교, 2014). 즉, 예비교원, 대학 교수, 대학 행정담당자, 학교 현장 지도교사, 행정담당자 등 학교현장실습의 각 주체들이 서로의 정보를 주고받으면서 소통할 수 있고, 적절한 도움을 주고받을 수 있는 시스템을 구축할 필요가 있다. 예를 들어, 예비교원이 개별적으로 학교현장실습지원(협력)학교를 정하는 경우 다양하고 자격을 갖춘 학교와 지도교사에 대한 정보를 제공할 수 있어야 한다. 혹은, 적절한 자격을 갖추고 있으면서 학교현장실습 지도를 원하는 학교나 교사가 있을 때 희망하는 예비교원과 연결해 줄 수 있는 시스템을 갖추고 있어야 한다.

교육실습지원 시스템은 학교현장실습과 관련된 다양한 자료와 안내 사항들을 제공하고, 실제 학교현장실습 과정에서 활용할 수 있는 자료들을 제공하며, 실습활동을 평가할 수 있는 시스템을 갖추고 있어야 한다. 부산교육대학교에서 운영하고 있는 온라인 교육실습지원 사이트(https://edu.bnue.ac.kr/dataroom/data_list.asp)의 첫 화면을 제시하면 [그림 4]와 같다.

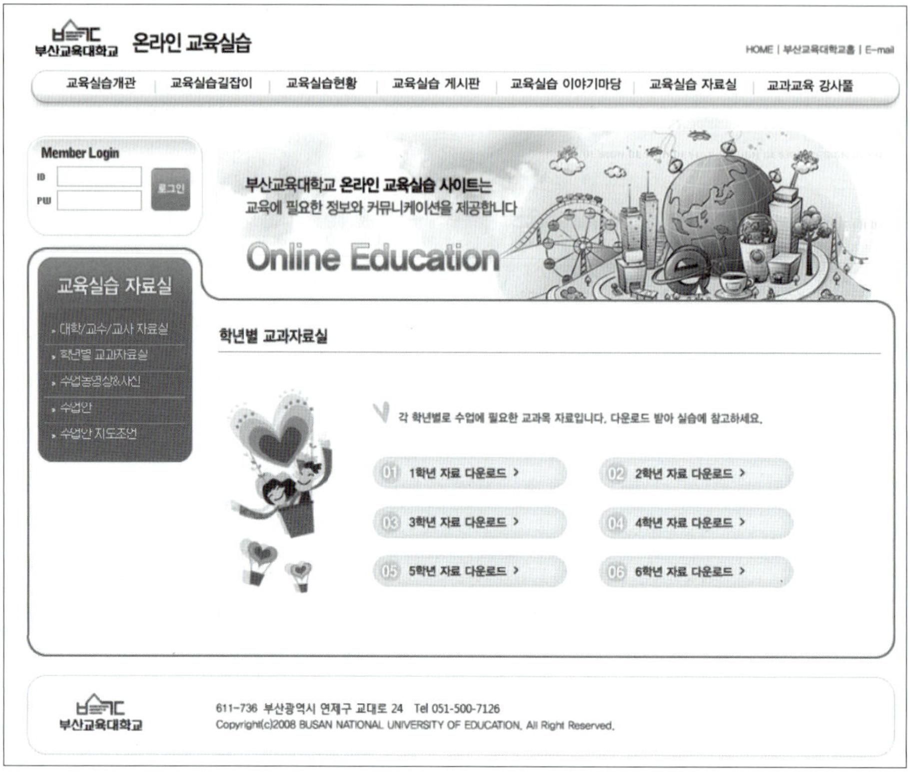

| 그림 4 | 부산교육대학교 온라인 교육실습지원 사이트 화면

출처: 부산교육대학교 온라인교육실습 홈페이지.

[그림 4]에서 볼 수 있듯이, '교육실습개관', '교육실습길잡이', '교육실습 현황' 등의 메뉴에서 예비교원들은 학교현장실습 관련 기본적인 정보를 쉽게 접할 수 있다. 또한, '교육실습 게시판', '교육실습 이야기마당' 등의 메뉴에서 예비교사들은 교육실습과 관련된 사례나 정보들을 서로 주고받을 수 있다. 특히 '교육실습 자료실'에는 학년별로 활용할 수 있는 교육실습 관련 자료들을 제공하고 있으며, 특히 '대학/교수/교사 자료실'과 '수업안 지도조언' 등의 메뉴에서 예비교원과 대학 교수 및 학교 현장 지도교수와의 소통도 가능하도록 구성되어 있다. 이와 같은 교육실습지원 시스템을 대학이 구축하고 운영할 때, 좀 더 의미

있고 효과적인 학교현장실습이 이뤄질 수 있을 것이다.

현재 각 대학이 갖추고 있는 교육실습을 위한 온라인 지원 시스템이 예비교원에게 교육실습 준비단계의 참고 내용을 안내하는 정도의 단순한 정보전달 공간으로 활용되고 있을 뿐, 상호작용을 기반으로 하는 적극적 지원시스템을 갖추고 있지 못하다(신형석 외, 2018).

교육실습지원 온라인 시스템은 교육실습에 대한 단순한 정보 제공을 넘어서, 온라인 웹의 장점 극대화, 교육실습 관련 여러 주체들의 활발한 상호작용이 가능한 입체적인 형태, 학습상황 모니터링과 e-티칭 포트폴리오 기능을 갖춘 학습 환경, 다양한 첨단 테크놀로지의 활용, 그리고 상시적인 운영 등이 필요하다(신형석 외, 2018: 24-26). 적절한 교육실습 환경이 주어질 때 예비교원의 역량이 원활하게 강화됨(정미재 · 정제영, 2012)을 감안할 때, 이와 같은 보완이 이루어져 각 교육대학교, 사범대학 등의 교원양성기관이 적극적인 쌍방향 소통과 학습지원이 가능한 교육실습 온라인 지원 시스템을 구축하게 된다면, 좀 더 효율적이고 효과적인 학교현장실습이 이루지는 데에 기여할 수 있을 것이다.

3. 실습학교의 역할

1) 학교현장실습 운영 계획 수립

학교현장실습지원(협력)학교는 교원양성기관과 협력하여 학교현장실습 운영 계획을 마련해야 한다. 예를 들어, 해당 교육실습의 목적, 영역, 대상 및 기간 등 기초적인 사항들을 포함하여, 교육실습생 배정 계획, 수업 참관 계획, 학습지도 능력 함양 계획, 교수-학습 계획 능력 함양 계획, 학습 자료 제작 및 활용 능력 함양 계획, 학급경영 및 생활지도 능력 함양 계획, 창의적 체험활동을 포함한 교과 외 학생지도 능력 함양 계획, 교직실무 능력 함양 계획 등을 포함한 학교현장실습 운영계획이 마련되어야 한다. 또한, 교육실습생의 복무와 관련된 관리 계획, 교육실습생의 복지와 관련된 계획, 교육실습생을 대상으로 한 특강 계획, 교육실습생 평가계획, 교육실습 기간 중의 상세한 주차별 일정 등 교육실습 운영과 관련된 구체적인 계획도 마련되어야 한다. 특히 이러한 계획은 사전에 교원양성기관과 협의하여 전체 계획과 프로그램이 해당 교육실습의 목적 달성에 적합한지, 상호 간에 요청할 사항이나 협력해야 할 사항은 어떤 것들이 있는지 등에 대한 검토가 이루어져야 한다.

2) 교육실습생에게 교육실습 정보 제공

학교현장실습지원(협력)학교는 각 학교에서 마련한 학교현장실습계획을 교원양성기관의 협조를 받아 실습을 신청한 교육실습생들에게 사전에 공지해야 한다. 예를 들어, 해당 교육실습의 성격은 무엇인지, 실습 기간은 언제부터 언제인지, 실습대상자는 몇 학년이고 총 몇 명인지, 실습 기간 중 예비교원의 복무와 관련된 의무적인 사항은 어떤 것들이 있는지, 개략적인 교육실습 프로그램은 어떠하고 특히 첫날 일정과 내용은 어떻게 계획되어 있는지, 교육실습생이 개인적으로 준비해 와야 하는 것에는 어떠한 것들이 있는지, 각종 행정사항을 포함하여 교육실습생이 주의해야 하는 사항들은 어떤 것들이 있는지 등을 공지해야 한다. 이를 위해 학교현장실습지원(협력)학교는 대학에 공지용 계획을 제출하고, 대학은 이를 홈페이지 등을 통해 교육실습생들에게 사전에 공지해야 한다. 다음은 그 한 예로 공주교육대학교 홈페이지에 공지된 공주교육대학교 부설초등학교의 3학년 대상 '수업실습' 안내문의 일부이다.

| 표 5 | 2019년 공주교육대학교 부설초등학교 수업실습 안내 공지문

공주교대부설초등학교 수업실습 안내

미래역량 기르는 행복한 꿈의 학교

문의: 실습부장 000 (041-850-****)

1. **실습 기간:** 2019. 9. 30. (월)~10. 25. (금), 08:30~17:00
2. **실습 대상:** 공주교육대학교부설초등학교 수업실습 대상 총 112명
3. **출 · 퇴근 시각 및 출근 경로**

가. 출·퇴근 시각

1) 출근: 8시 30분, 퇴근: 17시

2) 개인 실내화 준비(실외에서는 실내화 착용 금지), 개인 신발 보관은 학년 지정장소 신발장 이용

나. 출근 경로

1) 정문 또는 교대 운동장으로 출근

가) 본동 중앙 현관→후동 중앙 현관→배정 학급

나) 본동 옆 테니스장→서쪽 창고→1학년 3반 앞 현관→배정 학급

다) 도서실 옆 현관→배정 학급

2) 후문으로 출근: 급식실 앞 현관→도서실 앞→배당 학급

4. 실습 첫날(9. 30. (월)) 일정 안내

시간	교시	내용	장소	비 고
~08:30	아침활동	출근(안내책자 및 실습록 수령)	배정 학급	방송조회 교생대표 인사자: ○○○ 교생 선생님 (○○교육과, 6-1반)
08:30~08:50		교생 원부 작성 및 방송조회	배정 학급	
09:00~09:40	1교시	학생과의 인사	배정 학급	
09:50~10:30	2교시	실습 안내(실습부장)	수업분석실	
10:30~10:50	틈새 놀이밥	학급별 틈새 놀이밥 참여	배정 학급	
10:50~11:30	3교시	학교 경영 강의(교장선생님)	수업분석실	
11:40~12:20	4교시	교직 생활의 이해(교감선생님)	수업분석실	
12:20~13:15	점심	점심 식사	급식실	
13:20~14:00	5교시	교수-학습안 작성 방법(연구부장)	수업분석실	
14:10~14:50	6교시			
15:00~17:00	방과 후	담임교사와의 협의회	배정 학급	

5. 준비물 및 행정사항

가. 준비물

1) 흰색 실습록(하드커버, 면장철 또는 바인더, 6cm 정도 두께, 겉표지 끼울 수 있는 것)

2) 이동식 저장장치(USB): 각종 양식 및 자료 보관용

※노트북 휴대 시 수업 설계에 유용함.

3) 체육복, 운동화, 개인 실내화(실내화 중 소리 나지 않는 것), 양치 도구 및 개인 물컵(종이컵 사용×), 필기도구 등 개인물품

나. 행정사항

1) 실습 1주부터 부설초등학교에서 함께 점심 식사(2주차부터 학생 급식 지도)

가) 급식비: 1식(*,***원)×18일=**,***원

나) 급식비 납부: 학급대표교생이 행정실 계좌로 10월 2일까지 입금

2) 모든 실습 활동 시 실습록 구비 및 참관 내용 작성

3) 결근, 지참, 조퇴, 외출은 사전에 담임교사를 경유하여 사유서를 실습부장에게 제출

4) 주차장이 협소하여 교생 차량은 공주교대 주차장을 이용

5) 실외 활동 또는 출·퇴근 시 실내화 신지 않기

6) 실습생으로서의 품위 유지 및 단정한 복장(참관 및 학생과의 활동에 불편함을 초래하는 의상 지양, 노출이 심한 옷·맨발 등 자제)과 단정한 두발 유지

7) 수업 참관 및 연수(수업분석실 등) 시 시간 엄수 및 개인 활동 하지 않기

8) 실습생 상호 간의 호칭에 유의(ㅇㅇㅇ 교생선생님)

9) 사전 문의사항은 실습부장(000, 041-850-****, 14:30 이후 전화)에게 연락

10) 9월 30일 수업실습 관련 부설초등학교 안내책자를 제공함

2019년 9월 6일

공주교대부설초등학교장

3) 행·재정 지원

학교현장실습지원(협력)학교는 각 학교에서 이뤄지는 학교현장실습이 원활하게 이루어지도록 가능한 범위 내에서 각종 행정 지원을 해야 한다. 예를 들어, 학교현장실습을 위한 교내 조직을 마련하여 교육실습 부장교사나 담당교사를 두고 교육실습 지도교사 및 교원양성기관과의 협의회 운영 등을 지원할 필요가 있다. 또한, 실습 계획의 공지부터 예비교원의 실습활동 평가 결과의 제출,

대학의 관련 교수의 현장 방문 및 지도 등이 원활히 이루어질 수 있도록 각종 행정 지원을 해야 한다. 아울러서, 학교 차원에서 시행하기 어려운 행·재정 지원은 각 교원양성기관이나 시·도교육청과 협의하여 지원방안을 모색할 필요가 있다. 예를 들어, 학교현장실습 지도교사의 경우, 그 노고와 기여를 인정하여 추가 수당을 지급하거나 근무평정이나 경력점수 산정 시 가산점을 제공하는 경우가 많지만, 이에 대한 조정을 위해 각 교원양성기관이나 시·도교육청과 협의할 수 있다.

4) 교육실습의 질 제고 노력

학교현장실습지원(협력)학교는 각 학교에서 이뤄지는 학교현장실습의 내용과 활동이 해당 교육실습의 목적을 달성할 수 있도록 질적 제고를 위한 각종 지원을 해야 한다. 물론, 교육실습의 질적 제고는 가장 현장 가까이에서 교육실습생을 지도하는 실습 지도교사의 큰 임무이기도 하다. 하지만, 이러한 노력을 실습 지도교사 개인에게만 맡겨놓는 것은 지나치게 큰 책임과 노고를 강요하는 것이다. 즉, 학교현장실습지원(협력)학교 차원에서 각 실습 지도교사가 양질의 교육실습 활동을 제공할 수 있도록 각종 지원을 할 필요가 있다. 예를 들어, 교원양성기관과 협력하여 학교 차원의 '교육실습 매뉴얼'을 제작하여 각 실습 지도교사와 교육실습생에게 제공할 수 있다. 교육실습 매뉴얼에는 실습의 목적, 운영 방법, 구체적 일정, 주의 사항 등의 학교 차원의 전체 교육실습 운영 계획뿐만 아니라, 교육실습 관련 특강 계획 및 자료, 주제 협의회 계획, 교수-학습지도안 예시 등이 포함될 수 있다. 다음은 그 한 예로 공주교육대학교 부설초등학교에서 2018년 종합실습을 위해 예비교원들에게 제공한 교육실습 안내 책자(공주교육대학교 부설초등학교, 2018)의 목차이다.

Contents 목 차

| 그림 5 | 공주교육대학교 부설초등학교 실습안내 책자 목차

이외에도 학교현장실습지원(협력)학교는 교육실습 지도교사와 교육실습생이 활용할 수 있는 각종 자료와 문서 양식 등을 제공할 필요가 있다. 특히 공통적으로 사용되는 각종 문서의 양식을 제공하는 것은 개별 교육실습 지도교사의 업무를 경감시켜 주고 교육실습생의 효과적인 실습활동을 지원할 수 있다는 측면에서 가능하면 학교 차원에서 제공할 필요가 있다.

요컨대, 각 학교현장실습지원(협력)학교는 교원양성대학, 시 · 도교육청 등과 지속적으로 협의하면서 구체적인 교육실습계획을 수립하고 이를 실천하기 위한 구체적인 프로그램을 운영하면서 교육실습생과 실습 지도교사의 활동이 원활히 이뤄질 수 있도록 교육실습 운영과 관리 등의 지원 역할을 담당해야 한다. 효과적인 교육실습이 이루어지기 위해서는 교원양성대학과 현장학교 간 협력관계를 강화해야 하는데(주미경 · 양성관, 2007), 이는 대학의 노력과 함께 학교현장실습지원(협력)학교의 노력 역시 필요로 한다.

4. 지도교사의 역할

1) 바람직한 교사상 함양 지도

실습 지도교사는 교육실습생에게 교사의 자세에 대해 고민하고 실제로 바람직한 교사의 자세를 갖출 수 있도록 지도해야 한다. 예를 들어, 교육실습생이 바람직한 교육관과 품성, 교사로서의 언어와 행동, 교사로서의 근무 자세 등을 고민하고 익힐 수 있도록 지도해야 한다.

우선, 바람직한 교육관을 가지게 하기 위해서는 교직에 대한 긍정적인 마인드와 함께 교육의 가치, 목적, 사회적 요구 등에 대한 특강이나 토론 등의 방법을 사용할 수 있다. 교사로서 갖추어야 할 품성은 그 특성상 특강이나 토론 등의 방법과 함께, 일종의 모범 사례로서 실습 지도교사의 품성을 교육실습생들이 느끼고 따를 수 있도록 교사 스스로 자신의 품성을 돌아보고 다잡을 필요가 있다.

교사로서의 언어와 행동은 일종의 학교 문화라 할 수 있으므로, 특강이나 토론 등의 명시적인 교수-학습 방법과 함께 교육실습생이 학교현장실습지원(협력)학교의 문화에 자연스럽게 접할 기회를 제공하는 것이 필요하다. 예를 들어, 교육실습생 상호 간에 호칭을 '○○○교생 선생님' 등으로 하고, 서로를 존중하는 경어를 사용하도록 명시적으로 권고할 수 있다. 학생과 나누는 대화 역시 학생을 존중하고자 하는 마음을 바탕으로 적절한 수준의 경어와 따뜻한 표정을 기본으로 해야 함을 특강이나 토론을 통해 명시적으로 권고할 수 있다. 좀 더 구체적으로는 교사의 복장은 단정해야 하며, 금연의 실행 등 학교에서 지켜야 할 행위에 대해 구체적으로 안내할 수 있다. 또한, 기본적으로 학생의 모범이 될 수 있도록 예의를 갖추고 상대방을 배려하는 행동을 해야 하며, 그러면서도 자신의 의견을 명확하고 근거 있게 주장하고 소통할 수 있도록 역시 특강이나 토론을 통해 안내할 수도 있다. 그러나 무엇보다도 중요한 것은 각 학교현장실습지원(협력)학교의 문화이다. 바람직한 학교 문화가 형성되어 있고, 이를 교육실습생이 접할 수 있는 기회를 충분히 제공함으로써, 교육실습생이 교사로서의 바람직한 언어와 행동을 자연스럽게 접하고 실천하면서 내면화할 수 있도록 하는 것이 중요하다. 이는 교사로서의 근무 자세에 대해 고민하고 익히는 것에도 동일하게 적용될 수 있을 것이다.

2) 학생 이해 지도

실습 지도교사는 교육실습생이 학생을 이해할 수 있는 역량을 기르고 실제 학생의 이해도를 제고할 수 있도록 지도해야 한다. 예를 들어, 학년별 학생들의 인지적 발달 단계에 대한 이해, 학년별 학생들의 정서적 발달 단계에 대한 이해, 학생 개개인의 환경과 특징에 대한 이해를 제고할 수 있도록 지도해야 한다. 우선, 학년별 학생들의 인지적 발달 단계에 대한 이해는 대학에서 배운 여러 인지 발달 이론들을 상기시키고, 실제 학생들의 사고나 행동을 관찰하여 이론과 실제를 연결하고 비교하는 기회를 제공함으로써 지도할 수 있다. 이는 학생의 정서적 발단 단계에 대한 이해에서도 마찬가지이다.

학생 개개인의 환경과 특징에 대한 이해는 우선, 학생 개개인의 어떠한 점을 관찰하거나 파악해야 하는지부터 지도할 필요가 있다. 예를 들어, 개별 학생의 가정환경, 학습 환경, 교우관계 등 사회문화적 혹은 물리적 환경에 대해 파악할 필요가 있다. 또한, 개별 학생의 신체적 특징, 언어적 특징, 성격적 특징, 학업성취도, 관심 과목이나 분야 등의 개인적 특징을 파악할 필요가 있다. 더불어서, 이러한 사항들을 어떻게 관찰하고 파악할 수 있는지 그 방법에 대해서도 지도할 필요가 있다. 예를 들어, 가정환경이나 학습 환경 등은 학생에게 직접 묻기보다는 학교에 제출되어 교사에게 접근이 허용된 문서들을 통해 파악하는 것이 좋을 것이다. 교우관계는 학교의 여러 장면에서 관찰 가능할 것이지만, 경우에 따라서는 소시오그램과 같은 특정한 조사방법을 사용할 수도 있을 것이다. 개인적 특징 역시 학생의 행동이나 언어를 관찰함으로써 가능하겠지만, 경우에 따라서는 전체 학생을 대상으로 하는 심리검사나 역시 교사에게 접근이 허용되어 있는 각종 문서들을 통해서도 파악 가능할 것이다.

무엇보다도 학생 개개인의 환경과 특징에 대한 이해는 그 필요성에 대한 인식과 학생을 대하는 자세부터 지도할 필요가 있다. 어떤 대상을 인지하고 학습하는 것은 주체가 능동적으로 구성해 나가야 한다(Driver, 1983). 이 점을 반영하여 우리나라 2015 개정 교육과정 총론에서도 교육과정의 성격을 "학습자의 자율성과 창의성을 신장하기 위한 학생 중심의 교육과정"이라고 명시하고 있다(교육부, 2015). 그런데, 학생에 대한 올바른 이해가 바탕이 되어야 그 학생이 스스로 인지하고 학습할 수 있도록 교사가 도움을 줄 수 있다. 나아가 학생을 이해하는 것은 교사로서 그 학생에게 적절한 도움을 제공하기 위함이니만큼 학생에 대한 존중과 배려가 기본이 되어야 한다. 이러한 기본적인 인식과 자세를 바탕으로 할 때 학생에 대한 적절한 이해가 가능할 것이며, 학생의 인권을 침해할 우려가 있는 사항이나 방법들에 대해 주의할 수 있을 것이다. 따라서 실습 지도교사는 교육실습생의 학생 개개인의 환경과 특징에 대한 이해를 제고하기 위해 그 필요성에 대한 인식과 적절한 자세를 지도할 필요가 있다.

3) 국가교육과정 이해 함양 지도

실습 지도교사는 교육실습생이 국가교육과정에 대한 이해를 제고할 수 있도록 지도해야 한다. 즉, 교육실습생이 국가교육과정의 목표와 특징, 각 교과별 교육과정의 성격, 목표, 내용, 교수-학습 방법, 그리고 평가 방법에 대해 좀 더 현장감 있게 이해할 수 있도록 지도해야 한다. 예를 들어, 현행 2015 개정 교육과정에서는 교육과정 구성의 중점에 대해 다음과 같이 밝히고 있다(교육부, 2015: 3)

> 이 교육과정은 우리나라 교육과정이 추구해 온 교육 이념과 인간상을 바탕으로, 미래 사회가 요구하는 핵심역량을 함양하여 바른 인성을 갖춘 창의융합형 인재를 양성하는 데에 중점을 둔다. 이를 위한 교육과정 구성의 중점은 다음과 같다.
> 가. 인문·사회·과학기술 기초 소양을 균형 있게 함양하고, 학생의 적성과 진로에 따른 선택학습을 강화한다.
> 나. 교과의 핵심 개념을 중심으로 학습 내용을 구조화하고 학습량을 적정화하여 학습의 질을 개선한다.
> 다. 교과 특성에 맞는 다양한 학생 참여형 수업을 활성화하여 자기 주도적 학습 능력을 기르고 학습의 즐거움을 경험하도록 한다.
> 라. 학습의 과정을 중시하는 평가를 강화하여 학생이 자신의 학습을 성찰하도록 하고, 평가 결과를 활용하여 교수-학습의 질을 개선한다.
> 마. 교과의 교육 목표, 교육 내용, 교수-학습 및 평가의 일관성을 강화한다.
> 바. 특성화 고등학교와 산업수요 맞춤형 고등학교에서는 국가직무능력표준을 활용하여 산업사회가 필요로 하는 기초 역량과 직무 능력을 함양한다.

이러한 교육과정 구성의 중점을 이해하고 교육에 반영하고자 하는 경우와 그렇지 않은 경우는 학생지도와 수업방법에 차이가 있을 수밖에 없다. 예를 들어, "미래 사회가 요구하는 핵심역량을 함양하여 바른 인성을 갖춘 창의융합형 인재를 양성하는 데에 중점"을 두고 교육을 하고자 한다면, 인성교육과 함께 여러 교과를 융합하여 수업하는 방안을 모색하게 될 것이다. 또한, "교과 특성에 맞는 다양한 학생 참여형 수업을 활성화하여 자기 주도적 학습 능력을 기르고 학습의 즐거움을 경험하도록 한다."의 의미와 취지를 이해한다면, 각 교과 수업을 하면서 강의식 수업방법을 사용하기보다는 토론 중심으로 스스로 깨치고 학습할 수 있도록 하는 수업방법을 사용하고자 노력할 것이다. 이와 같이 국가교육과정의 목표와 특징, 각 교과별 교육과정의 성격, 목표, 내용, 교수-학습 방법, 그리고 평가 방법 등에 대해 이해하고 반영하고자 노력하는 경우와 그렇지 않은 경우는 차이가 있을 수밖에 없음을 감안할 때, 교육에 반영한다면, 실습 지도교사는 특강이나 워크숍, 토론 등을 통해 교육실습생이 국가교육과정에 대한 이해를 제고할 수 있도록 지도해야 할 필요가 있다.

4) 교수능력 향상 지도

실습 지도교사는 교육실습생이 자신의 교수 능력을 제고할 수 있도록 지도해야 한다. 즉, 실습 지도교사는 교육실습생이 교수-학습의 원리 이해, 교수-학습 전개 및 결과의 반성, 수업분석 방법, 학습 자료 제작 방법 등을 익히고 실천할 수 있는 기회를 제공해야 한다. 이를 위해 실습 지도교사는 우선 학교의 실습 담당 교사와 협력하여 사전에 수업 참관, 수업 실행, 수업 공개 등의 계획을 세우고 실천할 필요가 있다. 그리고 교육실습생이 수업을 준비하는 과정에서 교수-학습 계획을 세우도록 지도하고 그 과정에서 어떠한 사항들을 고려해야 하는지 지도해야 한다. 예를 들어, 교육실습생이 배당된 교과, 차시의 단원 목표, 성취기준 등을 확인해 보도록 해야 하고, 단원 또는 차시와 관련된 이전 학기 또는 이전 단원, 이후 단원 내용을 파악하도록 지도해야 한다. 수업과 관련된 인지적, 정의적 학생 진단을 통해 학생 참여형 수업을 계획하고, 학습 과제의 적정화로 학생이 사고할 기회를 최대로 하며, 토의·토론 중심의 협력학습 등을 통해 학생의 창의·인성을 함양시키는 수업을 계획하고 실행할 수 있도록 지도해야 한다. 아울러서, 단계별 또는 활동별 효과적인 발문 연구 및 적용으로 학생의 사고를 확장시키도록 하고, 다양한 과정중심평가를 통해 수업의 목표 달성을 확인해야 하며, 성취기준과 관련하여 이에 이르지 못하는 부진 학생을 배려할 수 있는 지원 방법을 사전에 계획하도록 지도해야 한다.

아울러서, 교육실습생이 자신의 수업 능력을 제고할 수 있도록 하기 위해서는 스스로의 수업에 대해 반추해 보고 개선 방안을 찾을 수 있는 기회를 제공해야 한다. 이를 위해 실습 지도교사는 수업 분석 방법에 대해 안내하고 일시, 방법, 협의회 기록 양식 등 적절한 수업 협의회 실시 계획을 세워 실행해야 한다. 또한, 수업 협의회는 실습 지도교사와 함께 동료 교육실습생이 참여할 수 있도록 하여, 수업을 한 교육실습생뿐만 아니라 수업을 참관한 교육실습생의 안목도 높여 줄 필요가 있다.

또한, 교육실습생이 학교현장실습 전 과정에서 셀프스터디(self study)를 해보도록 권고하는 것도 교육실습생이 자신의 수업 능력을 제고할 수 있도록 하는 한 방법이 될 수 있다. 셀프스터디는 "자기 자신, 자신의 실천, 자신의 생각 등을 대상으로 수행하는 연구를 일컫는 용어로, 협력적이고 비판적인 성찰을 통해 교수와 수업 실행의 상황과 구성원의 정체성, 신념, 가치, 개혁 의제 등 종합적인 관점에서 교수와 수업 실행의 개선을 추구하는 연구방식(조광희 외, 2016: 467)"이다. 셀프스터디는 일종의 연구방법이긴 하지만 수업 실행의 개선을 추구한다는 점에서 현장 교사나 예비교사가 자신의 수업을 반추하고 개선을 시도할 때에도 사용 가능하다. 셀프스터디를 하는 방법에 대해 LaBoskey(2004: 842-853)는 '자기개시와 자기중심적(self initiated and focused)', '개선목적(improvement-aimed)', '상호작용적(interactive)', '다중적인 질적 연구방법(multiple, primarily qualitative methods)', '본보기 기반 타당화(exemplar-baesd validation)' 등이 필요하다고 주장하였다. 또한, Samaras(2011: 71-82)는 '개인적으로 상황화된 탐구(personal situated inquiry)', '비판적이고 협력적인 탐구(critical collaborative inquiry)', '개선된 학습(improved learning)', '투명하고 체계적인 연구 과정(transparent and systematic research process)', '지식 생성과 발표(knowledge generation and presentation)' 등을 셀프스터디를 셀프스터디답게 하는 요소로 제안한 바 있는데, 이에 대해 조광희 등(2016)은 다음과 같이 정리한 바 있다.

먼저 '개인적으로 상황화된 탐구'는 셀프스터디가 교사 자신에 의해 시작되고 자신의 수업과 공동체 속에서 이뤄져야 함을 의미한다. '비판적이고 협력적인 탐구'는 셀프스터디가 좀 더 명확하고 타당화되기 위해서는 자기 혼자만의 탐구가 아니라 동료와 함께 비판적이고 협력적으로 수행되는 탐구가 필요함을 뜻한다. '개선된 학습'은 셀프스터디의 주제와 목적이 교육적 상황에서 자신의 수업 개선 혹은 학교 제도적 차원의 개선을 지향해야 함을, '투명하고 체계적인 연구 과정'은 셀프스터디를 통해 의문을 제기하고 발견, 구성(framing), 재구성(reframing) 등이 활발하고 명확하게 일어날 수 있도록 투명하고 체계적인 연구 과정이 필요함을 뜻한다. 마지막으로, '지식 생성과 발표'는 셀프스터디를 통해 생성된 지식은 발표 혹은 출판되어서 교육적 프로그램이나 학교 교육의 발전에 공헌할 수 있도록 해야 한다는 의미이다(조광희 외, 2016: 460).

요컨대 셀프스터디는 자기 자신, 자신의 실천, 자신의 생각, 자신의 수업 등을 대상으로 수업저널이나 비판적 동료와의 토론 등의 다양한 방법을 통해 자신과 자신의 수업을 반추하고 자신과 자신의 수업을 개선하는 것을 목적으로 하는 연구 혹은 활동이다. 이러한 셀프스터디를 수행하는 것은 교육실습생이 스스로의 수업을 돌아보고 개선할 수 있도록 돕는다는 측면에서 학교현장실습 과정에서 시도해 볼만하다.

한편, 교육실습생이 자신의 수업 능력을 제고할 수 있도록 하기 위해서는 적절한 학습 자료를 제작하는 방법을 안내하고 실천해 볼 수 있는 기회를 제공해야 한다. 예를 들어, 수업 시간에 사용할 학습 자료는 그 효과성 및 제작의 효율성을 고려할 필요가 있음을 안내할 필요가 있다. 또한, 단순한 호기심 유발보다는 성취기준과 수업목표와 밀접히 연계된 자료를 제작하도록 하고, 학습 자료의 활용은 필요한 때에만 제시하고 그 외에는 학생의 학습을 방해하지 않도록 적절히 관리하도록 안내할 필요가 있다. 아울러서, 개발한 학습 자료를 동료 교육실습생들과 공유하게 함으로써 상호 협력적인 제작이 가능하도록 하고 학생의 입장에서도 차시별 학습 자료의 연계성을 느낄 수 있도록 지도하는 것이 필요하다.

5) 생활지도 및 상담 능력 함양 지도

실습 지도교사는 교육실습생이 학생들을 대상으로 한 생활지도 및 상담 능력을 제고할 수 있도록 지도해야 한다. 이를 위해서는 앞서 학생에 대한 이해 제고

방안과 유사한 방안들이 사용될 수 있다. 즉, 학생의 언어 및 행동 특성을 파악하고, 교우관계와 공동체 생활 관련 특성을 파악하는 것이 필요하다. 그리고 이를 바탕으로 학생의 생활지도와 상담의 경험을 제공할 필요가 있다. 예를 들어, 실습 지도교사는 경우에 따라 교육실습생에게 학생을 배정하고 담당 학생을 관찰, 지도, 상담할 수 있는 기회를 제공할 수 있다. 이때에는 실습록 등을 활용하여 학생에 대한 관찰 결과, 생활지도 내용과 결과, 상담내용과 결과 등을 기록하게 하고, 그 과정에서 실습 지도교사의 지원과 지도를 충분히 받을 수 있도록 하는 것이 필요하다. 특히, 학생에 대한 생활지도나 상담 경험이 매우 부족할 수밖에 없는 교육실습생의 상황을 감안하여, 실습 지도교사는 교육실습생의 생활지도나 상담에서 학생의 인권을 침해하거나 부정적인 결과를 초래하지 않도록 주의 깊게 안내하고 지도할 필요가 있다.

6) 교직실무 업무 능력 지도

실습 지도교사는 교육실습생의 교직실무 관련 능력을 길러 주어야 한다. 물론, 교사는 수업과 학생지도가 주된 업무이지만, 경우에 따라서는 현실적으로 각종 기안문 작성이나 공문서 처리 등의 행정 업무도 수행해야 한다. 또한, 복무나 인사와 관련된 규정을 숙지하고 준수해야 하며, 교원에 대한 이해와 이를 지키기 위한 방법 등도 숙지할 필요가 있다. 실습 지도교사는 이러한 교직실무와 관련된 사항을 안내하고, 교육실습생이 관련 능력을 기를 수 있도록 지도해야 한다. 예를 들어, 예비교사인 교육실습생은 공문서를 작성해 본 경험이 전혀 없는 경우가 대부분이다. 따라서 공문서 작성 방법은 사소한 것 하나까지도 안내할 필요가 있으며, 교육실습생이 직접 실습을 해 볼 수 있도록 지도하는 것이 필요하다. 즉, 공문서의 일시 표기는 "2019년 11월 20일(수). 오후 4시 30분"과 같은 표기 방식보다는 "2019. 11. 20.(수) 16:30"와 같은 표기 방식을 사용해야 한다는 것 등과 같이 공문서 작성 방식에서 지켜야 하는 사항들을 안내할 필요가 있다.

또한, 각종 용어에 대한 안내도 필요하다. 예를 들어, 흔히 결재는 해당사안에 대하여 행정기관의 의사를 결정할 권한이 있는 자가 그 의사를 결정하는 행위, 전결은 행정기관의 장으로부터 업무의 내용에 따라 결재권을 위임받은 자가 행하는 결재, 대결은 위임 전결사항이 아닌 사항을 결재권자가 휴가, 출장 그 밖의 사유로 결재할 수 없을 때에 그 직무를 대리하는 자가 행하는 결재를 말하지만, 교육실습생에게는 낯선 용어일 수 있다. 또 다른 예로 '붙임'은 공문 뒤에 붙여 보내거나 파일형태로 공문과 함께 보내는 것을 말하고, '별첨'은 공문과는 별도로 따로 보내는 문서나 내용을 말하지만, 이 역시 교육실습생에게는 생소할 수 있다.

한편, 교직실무의 경우 그 내용을 안내받는 것만으로는 실제 능력을 기르는 데에 한계가 있다. 각종 공문, 기획안, 시행문 등의 교직 실무는 처음부터 끝까지 관련된 업무를 실제로 해 보면서 그 과정에서 피드백을 받고 수정보완하는 경험을 가져야 실질적으로 그 능력이 길러질 수 있다. 예를 들어, 과학의 날 행사 기획안을 작성한다면, 기획안을 구상하는 단계부터 어느 시기에 작성해야 하는지, 그리고 어떠한 사항들을 미리 파악하고 있어야 하는지, 교육청 차원의 계획은 어떻게 알아봐야 하는지, 기존에는 어떤 프로그램을 어떻게 실행했었는지를 알아보려면 어떻게 해야 하는지, 어느 부서나 담당자와 협력해야 하는지 등을 알고 있어야 한다. 그리고 기획안 작성 과정에서는 제목, 목적, 원칙, 세부 프로그램, 세부 일정, 예산, 자체 평가계획 등 어떤 항목들을 포함해야 하는지를 파악하여 작성해야 한다. 또한, 기획안의 실행 과정에서는 어느 부서와 담당자에게 협조를 구해야 하는지, 그리고 그 방법은 어떻게 할 것인지 등을 생각하여 작성해야 한다. 이러한 복잡한 과정을 이해하고 익히는 것은 단순한 안내만으로는 부족할 수밖에 없다. 따라서 실습 지도교사는 교육실습생이 교직실무와 관련된 실습을 직접 해 볼 수 있도록 적절한 계획을 미리 세우고 실천할 필요가 있다.

이 장에서는 교육부와 시·도교육청, 교육대학교와 사범대학 등 교원양성기관, 학교현장실습지원(협력)학교, 실습 지도교사 등의 지원과 역할에 대해서 논의하였다. 교육실습, 특히 학교현장실습은 교원양성기관에서 학습한 여러 이론들을 실제 학교 현장과 접목하면서 예비교사의 실질적인 교육역량과 바람직한 교직관을 형성할 수 있는 중요하고 의미 있는 기회이다. 교육실습 관련 각 주체들이 효과적인 양질의 지원과 역할을 함으로써, 예비교사들이 전문성을 갖춘 바람직한 교원으로 성장할 수 있기를 기대해 본다.

제4장
교육실습의 실제

박일수

1. 수업지도

1) 수업의 개념

수업은 교사의 전문성을 나타내는 영역 중 가장 기본적이며 핵심적인 부분이다. 학습자가 교육과정에서 의도한 지식·기능·태도 등의 학습목표와 내용을 교수-학습 활동을 통해 보다 효율적으로 달성할 수 있도록 학습자의 내부적·외부적 환경을 체계적으로 조성하는 과정이다(정석기, 2008). 또한 Gagne와 그의 동료들(1992)은 수업을 '학습을 목적으로 한 모든 의도적으로 계획된 활동'이라고 규정하였으며, Robertson(1987)은 상대에게 의도한 학습이 유발되도록 하기 위해 수행하는 행동이라고 정의하였다.

임창재(1994)는 수업의 특징을 다음과 같이 여섯 가지로 제시하였다.

첫째, 수업은 학습목표를 달성하기 위해 교사의 교수활동과 학습자의 학습활동이 실제적이고도 구체적으로 실시되는 것을 의미한다.

둘째, 수업은 학습활동이 일어나도록 학습자의 내·외적 조건을 체계적으로 조직하는 것이다.

셋째, 수업은 학습을 통해서 행동이 변화하도록 일련의 상황을 통제하거나 조작하는 과정이다.

넷째, 수업은 학습자가 특정한 조건하에서 특정하게 행동하는 것을 배울 수 있도록 학습자 개인의 환경을 조성하는 과정이다.

다섯째, 수업은 학습자가 의도된 지식, 기능, 신념을 합리적으로 조성하는 과정이다.

여섯째, 수업은 서로 가르치고 배우면서 성장하는 상호작용 상황을 의미한다.

수업(instruction)은 교수(teaching)와 혼용되어 구분하지 않고 사용되는 경향이 있다. 수업과 교수의 관계를 보는 관점은 '수업을 교수보다 포괄적인 개념으로 생각하는 관점'과 '교수를 수업보다 포괄적으로 생각하는 관점'이 있다.

첫째, 수업을 교수보다 포괄적인 개념으로 생각하는 관점은 다음과 같다. 수업이란 학습자가 적절한 학습활동을 하도록 방향을 정하고, 학습자로 하여금 적절한 지식을 얻게 하고, 학습자의 행동을 관찰하고 학습자의 학습과 행동에 대해 적절한 피드백을 주는 활동으로 의미가 규정된다. 이러한 점에서 수업은 가르치는 행위만을 뜻하는 교수보다 넓은 의미를 갖는다(변영계 · 이상수, 2003).

둘째, 교수가 수업보다 포괄적인 개념으로 생각하는 관점은 다음과 같다. 수업은 학습자의 지적, 탐구적 특성을 자극하는 내용을 전달하는 데 적용되는 데 반해, 교수는 학습자의 모든 능력을 자극하는 포괄적 내용의 전달을 의미한다. 이러한 점에서, 교수가 수업보다 넓은 의미를 갖는다(김종서 외, 1998). 수업과 교수에 대해 상이한 관점이 있으며 어느 쪽을 강조하느냐에 따라 의미가 달라질 수 있다. 그러나 수업과 교수 모두 교사의 가르치는 행위에 초점을 두고 있다는 공통점이 있다.

수업에 대한 정의를 종합해 보면, '수업은 학습 방향을 세우고 학습자를 위하여 교사에 의해 이루어지는 의도적이고 계획된 활동'이라고 볼 수 있다. 다시 말하면 수업은 단지 교사가 수업을 잘 진행하는 것만을 강조하는 것이 아니라 설정된 목표를 달성하기 위하여 수행되는 전반적인 활동을 의미한다(김은주 · 변지혜, 2009).

2) 교수-학습 방법의 이해

학습자가 한 명이든 그 이상이든 학습목표나 학습내용을 갖고 상호작용을 하기 위해서는 특정 교수-학습 방법이 사용된다. 교수-학습 방법은 학습자로 하여금 학습목표와 학습내용을 이해하고 달성하는 데 도움을 줄 수 있도록 적절하게 선정된 교수행위 또는 교수절차를 의미한다. 교수-학습 활동은 교육적으로 가치 있는 목적이나 목표를 달성하기 위한 행위이다. 그리고 이러한 행위는 교사에 의해서 수행된다. 결과적으로 교수-학습 활동은 교사가 교육목적이나 교육목표를 달성하기 위하여 이루어지는 일련의 활동이라고 할 수 있다.

(1) 교수-학습 방법의 분류

교수-학습 방법은 교육의 주체에 따라 교사중심 교수-학습 방법과 학습자중심 교수-학습 방법으로 분류할 수 있으며, 학습집단의 크기에 따라서 대집단 교수-학습 방법과 소집단 교수-학습 방법으로 분류할 수 있다. 이 장에서는 교사-학생의 상호작용에 따라서 교수-학습 방법을 일제학습, 집단학습, 개별학습으로 분류하여 살펴보았다.

① 일제학습

일제학습에서는 한 사람의 교사에 의하여 학급의 학생 전체가 일제히 학습을 한다. 교사는 일정한 질문, 과제 또는 문제를 학급 전체에 제시하며, 학급의 모든 학생은 교사의 지도하에 수업에 참여한다. 일제학습은 교사의 설명, 제시, 해석 등에 의하여 수업이 진행된다. 일제학습은 학생들이 단기간 내에 지식 또는 기능을 습득하게 되는 장점이 있다. 그러나 일제학습은 교사가 중심이 되어 수업을 운영하기 때문에, 학생들은 타율적이고 수동적인 입장이 되기 쉽다.

② 집단학습

집단학습에서는 학생들이 자유롭고 민주적인 분위기 안에서 발표하고 상호 토의하면서 학습한다. 학교에서 활용하고 있는 소집단 학습, 모둠학습, 조별학습 등은 집단학습의 기본 형태이다. 집단학습은 집단 활동을 통하여 민주적인 학습활동과 태도를 형성시키고, 집단의식과 집단에의 소속감을 발달시키는 효과가 있다. 그러나 학생의 자주성, 적극성과 교사의 지도성 간에 균형이 필요하다.

③ 개별학습

개별학습에서는 교사가 제시한 과제를 학생 개개인이 스스로 해결한다. 개별학습은 학생 개인의 능력을 향상시키는 데 좋은 교수-학습 방법이다. 교사는 개별적으로 학생과 접촉함으로써 성취도를 확인하고, 학생들의 오류를 발견하여 교정한다. 개별학습은 교수-학습 활동을 개별화함으로써 학생 개개인의 다양성을 고려할 수 있으며, 학생들의 사고나 인식을 개성적이며 주체적으로 적절하게 발달시킬 수 있는 교수-학습 방법이다.

(2) 교수-학습 방법의 유형

교수-학습 방법에는 다양한 유형이 있다. 이것은 모든 상황에서 효과적으로 활용되는 교수-학습 방법이 없다는 것을 의미한다. 따라서 교사는 학습주제, 학습자의 특성, 교육환경 등을 종합적으로 고려하여, 학습목표 달성에 적합한 교수-학습 방법을 선정해야 한다. 교수-학습 방법은 여러 가지가 있으나, 이 장에서는 단위 학교에서 널리 활용되고 있는 강의법, 문답법, 토의법, 문제해결학습, 시범, 협동학습 등에서 대하여 살펴보았다.

① 강의법

강의법은 가장 오랜 역사를 가졌으며, 가장 기본적인 교수-학습 방법이다. 강의법은 중요한 정보를 효율적이고 능률적인 교사의 말로써 학습자에게 전달하는 형태이다. 즉 교사가 지식이나 기능을 선정 및 계획하여 학습자에게 전달하고 이해시키며, 학습자는 이것을 듣고 생각하며 때로는 필기하면서 학습하는 방법이다. 과거에 강의법이 특정 장소에서 이루어지는 것이 일반적이었다. 그러나 통신 및 전자 매체의 발달로 인하여, 한 사람의 교사가 여러 곳에 있는 학 학습자를 상대로 강의하는, 즉, 사이버 강의 또는 TV 화상 강의의 형태가 활용되고 있다. 강의법은 초등학교에서 대학에 이르기까지 여러 교육기관에서 가장 많이 사용되고 있다.

강의법은 다음과 같은 특징이 있다.

첫째, 강의법은 많은 학습자를 대상으로 짧은 시간에 많은 양의 지식, 정보, 내용을 신속하게 전달할 수 있다.

둘째, 강의법은 지식이나 정보를 강의하는 사람의 개인적 스타일로 조직하여 제시할 수 있다.

셋째, 강의법은 교사중심의 의사소통 방법을 사용하기 때문에, 학습자의 참여가 제한되고, 흥미와 의욕이 상실되는 문제가 유발될 때가 있다.

교사가 강의법을 효과적으로 사용하려면 다음과 같은 점에 유의해야 한다.

첫째, 학습자에게 강의 개요를 제시하여, 학습자가 강의 내용을 명료히 이해할 수 있도록 도와주어야 한다.

둘째, 강의법은 도표, 도해 및 기타 시청각 교구를 함께 활용할 때 효과적이다.

셋째, 학습자에게 문제를 제시하는 형식으로 강의를 진행한다.

넷째, 강의 속도를 적절하게 유지하고, 학습자에게 생각할 여유를 준다.

다섯째, 학습자의 반응을 살피고, 강의 내용이나 형식을 자연스럽게 전환한다.

여섯째, 학습자에게 질문할 기회를 준다.

일곱째, 중요한 내용을 요약하고, 학습자의 이해도를 확인하면서 강의를 진행한다.

② 문답법

문답법은 질문법 또는 발문법이라고도 한다. 문답법은 질문과 응답을 계속하는 과정에서 학습자의 호기심을 유발하고, 다양한 수준의 사고를 자극하여 스스로 탐구하는 능력을 신장시키는 데 적합하다. 문답법은 교사와 학습자, 학습자 상호 간의 의사소통을 증진시키고, 학습 내용의 평가 및 정리 수단으로도 사용된다. 질문은 학생들의 학습을 평가하는 데 중요한 수단이 되며, 학생들의 학습 상태를 점검하는 역할을 한다.

문답법은 수업의 도입, 요약, 복습 등에 유용하게 사용된다. 수업의 도입 단계에서는 학생들의 배경지식을 확인할 수 있으며, 전개 단계에서는 학생들의 학습 진도 및 성과에 대한 정보를 얻을 수 있으며, 정리단계에서는 학생들의 성취도를 평가할 수 있다.

교사가 학생들에게 질문을 할 때에는 학급의 모든 학생들에게 골고루 질문하여 모든 학생이 응답할 수 있도록 함으로써, 참여의 기회를 제공해야 한다. 교사의 질문에 대해 대답하기 어려워하는 학생에게는 그 학생의 경험에 기초한 질문을 하는 것이 효과적이다. 교사의 질문은 모든 학생이 알아들을 수 있는 큰 목소리로 하고, 정확한 대답에 대해서는 인정과 칭찬을 하고, 불완전한 대답에 대해서도 격려를 해야 한다.

학생에게 질문을 할 때에는 다음과 같은 점들을 고려해야 한다.

첫째, 학급 전체에게 명확하고 정확하게 질문한다.

둘째, 학생의 개인차, 즉 학생의 발달수준과 능력을 고려하여 질문한다.

셋째, 학생의 사고를 촉진할 수 있는 질문을 한다.

넷째, 한 번에 한 가지 질문을 한다.

다섯째, 학생이 답변할 수 있는 시간을 고려하여 질문한다.

여섯째, 학생이 경험한 것과 알고 있는 범위 내에서 질문한다.

학생의 질문에 대하여 교사는 다음과 같은 반응을 보이는 것이 좋다.

첫째, 학생의 질문을 환영하고, 학생이 주저하지 않고 질문을 하도록 격려한다.

둘째, 학생이 예의나 규칙을 지키지 않고 질문할 경우에는 질문 규칙을 지키도록 지도한다.

셋째, 학생의 질문에 대하여 대답을 할 수 없을 때에는 솔직히 모른다고 한다.

넷째, 학생이 스스로 질문에 대하여 답을 찾을 수 있도록 도와준다.

③ 토의법

토의법은 집단 구성원이 일정한 장소와 시간에 모여 말하기, 듣기, 비언어적 과정을 통한 상호작용적 의사사통을 하는 교수-학습 방법이다.

토의법은 다음과 같은 특징이 있다.

첫째, 토의법은 학습자중심의 교수-학습 방법이다. 토의법은 학생의 활동, 참여의 기회가 많을 뿐 아니라, 교사-학생, 학생-학생 간에 활발한 의사소통이 이루어진다.

둘째, 토의법은 복잡하고 어려운 개념을 이해할 때, 문제해결 과정을 격려하고 강조할 때, 문제를 분석하고 쟁점을 파악하고 다원적인 사고를 격려할 때 효과적이다.

셋째, 상호작용적 의사소통 과정은 학생 상호 간, 교사와 학생 상호 간에 수평적 관계, 평등 관계가 형성된다. 토의장소에 있는 모든 사람의 의사표현은 동등하게 존중되고 가치를 인정받기 때문에, 학생의 참여의식과 책임감 등을 기르는 데 효과적이다.

넷째, 토의법은 토의주제에 대한 학생들의 사전 지식에 영향을 받기 때문에,

토의수업을 위한 교사와 학생의 준비 시간이 많이 필요하다.

④ 문제해결학습

문제해결학습은 학습자가 여러 상황에서 학습활동을 진행하는 가운데 스스로 문제해결에 도달하도록 하는 교수-학습 방법이다. 문제해결학습은 학생 개인이 당면한 문제에 대한 해답을 스스로 획득할 수 있는 능력을 기르는 데 적합한 교수-학습 방법이다. 문제해결학습은 학습자 스스로 문제를 해결하고, 논리적이며 건설적으로 생각하는 능력을 기르는 데 목적이 있다. 문제해결학습은 학습자의 자발적인 활동에 의해 스스로의 힘으로 문제를 해결하여 자율성과 능동적인 능력을 기를 수 있다. 그리고 수업활동 자체가 실생활과 관련이 있으며, 학습자의 발달 단계에 따라 학습되기 때문에 흥미에 맞고 이해하기 쉬우며 실생활에 적응할 수 있는 학습이 될 수 있다.

문제해결학습은 다음과 같은 특징이 있다.

첫째, 학생에게 문제해결을 위한 유용한 기술을 배울 수 있는 교육적 경험을 제공한다.

둘째, 학생은 당면한 문제를 자립적으로 해결하려는 기본태도를 습득할 수 있다.

셋째, 학생으로 하여금 성인이나 교사에 대한 의존심을 버리고 자립심을 갖도록 한다.

넷째, 교육적인 상황과 일상적인 상황에서 다양한 문제를 다룰 수 있다.

다섯째, 문제해결 접근을 위한 효과적인 수단이 된다.

⑤ 시범

시범은 수업시간에 학습자가 해야 할 것을 교사가 학생에게 본보기를 제시하는 교수-학습 방법이다. 시범은 다음과 같은 특징이 있다.

첫째, 시범은 다른 교수-학습 방법과 병행하여 사용되며, 교사의 시범, 설명, 학습자의 실제 활동의 과정으로 이루어진다.

둘째, 시범은 과학 실험 방법을 소개하거나 축구경기의 슛, 드리블, 패스와 같은 특정 기술을 가르칠 때 효과적이다.

셋째, 시범은 학습자가 학습과정에 관심을 유도하고 학습자가 동작을 실제로 할 때 유용하다.

넷째, 시범은 말이나 글로 설명하는 것보다 학습내용과 학습과정을 분명하게 전달할 수 있다. 학습자는 시범을 보고 직접 실행함으로써 기능을 빠르게 익힐 수 있다.

교사가 학생에게 시범을 보일 때에는 다음에 유의해야 한다.

첫째, 교사는 시범의 목적과 내용을 분명하게 알고 있어야 한다.
둘째, 시범은 모든 학습자가 볼 수 있어야 한다.
셋째, 시범은 계획한 내용의 순서에 따라 진행하며, 필요에 따라 반복한다.
넷째, 시험 후에 학습자에게도 연습할 기회를 제공한다.

⑥ 협동학습

협동학습은 4~6명의 학습자가 소집단을 구성하여, 소집단 내에서 구성원 간의 협동 및 협력 과정을 통하여 집단 과제를 해결하는 교수-학습 방법이다. 학습 구조는 타인과의 관계에 기초하여, 경쟁학습, 개별학습, 협동학습으로 구분된다. 경쟁학습은 한 명 또는 소수의 학생만이 교육목표를 달성하는 학습구조이다. 경쟁학습에서는 타인의 실패가 나의 성공을 의미한다. 한편 개별학습은 다른 학생과 관계없이 자신에게 주어진 학습목표를 향해 자신에게 적합한 속도와 학습계열을 통해 학습한다. 개별학습에서는 다른 학생이나 교사와의 상호작용을 고려할 필요가 없이, 자신에게 제공된 학습목표 성취를 위해서 노력하면 된다. 이러한 경쟁학습과 개별학습의 문제점을 해결하는 학습구조가 협동학습이다. 협동학습은 다양한 학습능력을 가진 학습자가 공동의 목표 달성을 위해 협동적으로 수업을 하는 교수-학습 방법이다.

협동학습의 특징은 다음과 같다.

첫째, 협동학습은 학습목표를 달성하기 위하여, 서로 함께 도와야 한다.

둘째, 협동학습에서는 학습자에게 주어지는 역할과 책임이 다르게 제공되기 때문에, 학습자는 자신의 의무와 책임을 다해서 수업에 참여해야 한다.

셋째, 협동학습에서는 친구들과의 대화, 토의, 토론 활동을 통한 문제해결을 중시한다.

넷째, 협동학습은 타인 배려, 대인관계 기능, 소속감 등과 같은 사회성과 인성을 함양하는 데 효과적이다.

(3) 교수-학습 방법 선정 기준

교수-학습 방법은 다양하다. 그리고 교수-학습 방법은 나름대로의 특징이 있기 때문에 어느 한 가지 특정의 교수-학습 방법이 모든 수업상황에서 가장 좋다고 말할 수 없다. 교수-학습 방법 선정의 일반적인 기준은 다음과 같다.

첫째, 교수-학습 방법은 교과의 능력, 교사의 지식, 흥미에 적합해야 한다. 즉 교사는 자기가 자신 있는 교수-학습 방법을 활용해야 한다. 이것은 교사가 새로운 교수-학습 방법을 시도하지 말라는 것이 아니라, 자신의 능력과 취향을 고려하여 새로운 방법을 개발하는 것이 적절하다는 것을 의미한다. 교수-학습 방법은 입는 옷처럼 적합하고 편리해야 한다.

둘째, 교수-학습 방법은 학습자의 능력을 고려해야 한다. 학습자가 자신의 능력을 올바르게 발휘할 수 있는 교수-학습 방법이 아니라면, 그 교수-학습 방법은 학습자의 능력을 고려하여 교수-학습 방법을 수정해야 한다.

셋째, 학습목표에서 추구하는 지식, 기술, 가치 등을 달성하는 데 적절한 교수-학습 방법을 사용해야 한다. 교사가 학습자에게 쓰기를 가르친다고 한다면, 교사는 학습자에게 글을 쓸 수 있는 기회를 제공해야 한다.

넷째, 교수-학습 방법은 학습자의 흥미, 경험에 적합해야 한다. 수업이 어느 한 가지 방법으로 일관된다면 학습자들은 이에 싫증을 느낄 수 있다. 따라서 학습자의 흥미나 경험을 고려하여 다양한 교수-학습 방법을 활용해야 한다.

3) 교수-학습 활동의 단계

교수-학습 활동은 크게 도입, 전개, 정리의 3단계로 구성된다. 도입 단계에서는 동기유발, 학습목표 제시, 선수학습과 관련 짓기 등의 활동이 이루어진다. 전개 단계에서는 수업내용 제시, 학습자료의 제시, 교수-학습 방법 사용, 연습 기회 제공, 학습결과에 대한 정보 제공 등의 활동이 이루어진다. 정리 단계에서는 요약 및 정리, 일반화, 보충 및 차시예고 등의 교수-학습 활동이 이루어진다. 교수-학습 활동의 단계별 주요 내용은 〈표 6〉과 같다.

| 표 6 | 교수-학습 활동의 단계별 주요 내용

단계	주요 교수-학습 활동		
도입	· 동기유발	· 학습목표 제시	· 선수학습과 관련짓기
전개	· 수업내용 제시 · 교수-학습 방법 사용 · 학습결과에 대한 정보 제공	· 학습 자료의 제시 · 연습 기회 제공	
정리	· 요약 및 정리 · 보충 및 차시 예고	· 일반화	

(1) 도입 단계

도입 단계는 본 수업이 시작되는 단계로 비교적 짧은 시간 안에 이루어진다. 수업 상황에 따라 약간의 차이가 있지만 대략 5분 내외로 수업계획을 작성한다. 이 단계에서는 학습자의 주의를 집중시키고, 학습자가 도달해야 할 학습목표를 제시하고, 본 수업과 관련된 과거의 학습내용들을 회상시켜 관련짓게 한다.

① 동기유발

교사는 학습자의 동기를 유발시키기 위하여 다양한 노력을 한다. 학습자의 흥미를 유발하거나 관심을 끌기 위해서는 교육내용과 관련된 시사정보, 간단한 사건 및 이야기, 역사적인 인물의 일화, 시청각 자료 등을 활용하는 것이 좋다. 그러나 동기유발 자료가 학습 내용보다 지나치게 재밌거나 흥미를 유발하는 것은 좋지 않다. 학생들이 도입 단계에 제시된 동영상 자료를 흥미 있게 보았으나, 정작 수업시간에 적극적으로 참여하지 않는 경우가 있다. 동기유발자료가 학습내용에 비하여 지나칠 정도로 매력적이면, 학생들이 동기유발자료에만 관심을 갖고 학습내용에는 흥미를 잃어버린다.

② 학습목표 제시

교사와 학습자 모두가 학습목표를 명확히 인식하고 있어야 학습의 효과를 높일 수 있다. 따라서 교사는 학습자가 성취해야 할 학습목표를 구체적이고 분명하게 제시해야 한다. 학습목표는 한 시간 수업이 끝났을 때 학습자가 할 수 있게 되는 것으로 진술하는 것이 좋다. 학습자가 수업활동을 통해서 성취할 수 있는 것으로서, 가능한 한 행동적 수준에서 구체적으로 제시한다. 이렇게 진술된 학습목표는 수업의 성공여부를 판단하는 평가 기준이 된다.

학습목표는 학습자에게 분명히 인지시켜야 한다. 교사와 학습자가 학습목표를 의식하면, 이에 초점을 맞춘 수업을 전개할 수 있기 때문이다. 학습목표를 진술하는 형태는 여러 가지가 있으나, 일반적으로 내용과 행동의 2차원으로 진술한다. 학습목표의 대표적인 사례로는 "두 자리 수의 덧셈을 정확하게 계산할 수 있다."이다. 여기서 내용 차원은 '두 자리 수의 덧셈'이고, 행동 차원은 '정확하게 계산할 수 있다'이다.

③ 선수학습과 관련짓기

오늘 수업시간에 배울 내용과 이전에 학습한 내용을 관련짓고, 그 이전의 내용을 회상시킨다. 학생들이 이전에 배운 내용과 오늘 학습할 과제들을 연결시키면, 학생은 이들과의 관계를 분명하게 이해하게 되고, 새로운 학습과제를 쉽게 이해할 수 있다.

(2) 전개 단계

전개 단계는 수업의 핵심 단계로서, 교사는 학생들에게 학습과제의 내용을 제시하고 다양한 수업방법을 사용하며, 수업목표 달성을 위한 교수-학습 활동을 전개한다.

① 수업내용 제시

교사는 학습목표를 달성하는 데 적합한 수업내용을 선정하고 조직해야 한다. 수업내용은 학습목표 달성에 적합한 내용, 학생의 흥미를 유발하고 만족도가 높은 내용, 학생이 할 수 있는 내용, 다양한 성과를 달성할 수 있는 내용, 학생이 여러 가지 경험을 할 수 있는 내용으로 선정한다. 교사가 학생의 학습목표를 달성하는 데 필요한 주요 내용들을 사전에 선택하고 결정하지 않으면 수업 시간에 중요하지 않거나 관련이 적은 내용을 가르칠 가능성이 있다. 학습자가 학습 내용을 보다 쉽게 이해하도록 하기 위해서 가르칠 개념이나 원리에 해당되는 예들을 사전에 선정하여 적절한 시기에 제시해야 한다.

수업내용과 활동이 결정되면, 교사는 이들의 제시순서를 정해야 한다. 학생은 단순하고 쉬운 학습과제를 학습한 이후에, 복잡하고 어려운 학습 과제를 학습할 수 있기 때문에, 이에 따라 수업내용과 수업활동 계획을 수립한다. 또한 학생에게 학습내용을 제시할 때에는 학습자의 수준과 특성, 수업의 조건과 활동 상황 등을 종합적으로 고려한다. 예를 들어, 수준이 낮은 학습자의 학습활동의 범위는 수준이 높은 학습자의 그것에 비해 비교적 작아야 하며, 수업 상황의 변화도 자주 있어야 한다. 학습활동의 범위가 지나치게 큰 경우에는 학습자들이 성공적으로 학습하기가 어려우며, 수업이 피상적으로 흘러 지루하고 따분한 수업이 이루어질 가능성이 많다. 따라서 학습 내용을 세분화하는 것이 필요하다.

② 학습자료의 제시

학습자료는 학습목표를 달성하는 데 도움이 되는 다양한 프로그램이나 매체이다. 여기에는 유인물, 학습지, 시험지와 같은 인쇄된 자료, 동영상과 UCC와 같은 시청각 자료 등이 해당된다. 학습자료가 학습목표 달성에 적합한지를 고려하여, 학습자료를 선택해야 한다. 학습자의 연령이 낮을수록, 지능이 낮을수록 구체적이고 감각적인 매체로 학습하는 것이 효과적이다.

③ 교수-학습 방법 사용

학습목표를 달성시키기 위해서는 다양한 교수-학습 방법이 요구된다. 어떤 교사는 학습목표와 관련된 내용을 학생에게 체계적으로 설명하고, 학생이 내용을 이해할 수 있게 하는 교수-학습 방법을 생각할 수 있다. 이와 반대로 어떤 교사는 학생들이 학습목표를 달성하기 위하여 각자가 스스로 학습문제를 구체화하여, 해답을 찾도록 하는 교수-학습 방법을 생각할 수도 있다. 교수-학습 방법은 학습목표, 수업상황, 수업자료의 특성, 학습자의 수준 등을 종합적으로 고려하여 결정한다.

④ 연습 기회 제공

학습자가 배운 내용을 스스로 연습하고 실행할 수 있는 기회를 제공해야 한다. 학생은 수업시간에 학습한 내용을 여러 가지 문제 상황에 반복적으로 적용해야 한다. 이러한 활동은 학생에게 학습내용을 보다 깊게 이해하는 데 도움이 된다.

⑤ 학습결과에 대한 정보 제공

교사는 학생의 학습활동 결과에 대한 지식을 제공해야 한다. 학습자의 학습활동의 과정과 결과를 확인하고, 학습활동에 대한 추가적인 설명과 추가 내용을 제시하거나, 학생이 틀린 부분에 대하여 설명해야 한다. 학생의 학습활동의 결과를 점검하지 않고 넘어갈 경우, 자칫 학생이 잘못된 지식을 형성할 수 있다. 예를 들어, 어떤 학생이 $\frac{1}{3}+\frac{2}{5}=\frac{3}{8}$의 형태로 기억하고, 이와 유사한 문제를 모두 동일한 방식으로 문제를 풀었다고 가정하자. 이 학생은 결국 분수의 덧셈에 대한 잘못된 지식과 기능을 형성하게 되고, 분수의 덧셈에 관한 모든 문제를 이와 같이 해결하려고 할 것이다. 이러한 문제를 사전에 예방하기 위해서는 학생이 범하는 실수를 찾아서, 해당 부분에 대한 오류를 교정해 주어야 한다. 이와 함께 학생이 학습한 활동에 대하여 긍정적인 반응을 보임으로써 학습활동에 대한 흥미와 만족감을 유지할 수 있도록 한다.

(3) 정리 단계

정리 단계는 수업을 마무리하는 단계이다. 이 단계에서는 학생이 학습한 수업내용을 요약 및 정리하고, 다른 상황에 적용한다.

① 요약 및 정리

교사는 학생과 함께 오늘 학습한 내용을 살펴보면서 중요한 사항들을 요약하고 정리한다. 이 활동은 학습자가 부분적으로 파악하고 있는 학습내용을 전체적인 맥락에서 이해시켜 하나의 완성된 학습 과제로서 수행해 보는 기회를 제공한다.

② 일반화

교사는 학생에게 수업시간에 배운 내용을 주변의 생활 문제에 적용하여 그 문제를 해결하는 경험을 제공해야 한다. 이러한 활동은 학생에게 수업시간에 배운 내용이 단지 수업시간에만 사용되는 것이 아니라 다른 상황에도 활용될 수 있다는 것을 인식시킨다.

③ 보충 및 차시 예고

교사는 수업시간에 충분히 다루지 못했던 학습 내용이나 학습자가 더 알고 싶어 하는 주제에 관한 보충 자료나 참고 도서들을 언급해 준다. 왜냐하면 교사는 학습자의 알고 싶어 하는 지적 욕구를 충족시켜 주어야 하기 때문이다. 또 수업 시간에 깊이 있게 다루지 못한 학습 부분을 학습자가 스스로 보완하고 심화시킬 필요가 있다.

또한 교사는 다음 시간에 학생이 학습할 내용이나 주제를 수업 시간에 배운 것과 관련지어 제시한다. 이러한 활동은 학습의 계열성을 유지시키고, 다음 수업에 대한 학습자의 호기심을 유발시킨다.

2. 생활지도

1) 생활지도의 개념 및 목적

생활지도는 개인 스스로 자신과 자신이 처해 있는 세계를 이해하고, 자신에게 직면한 문제를 해결하는 능력을 함양하는 과정이다. 생활지도는 학생 스스로 자신의 문제를 더욱 심도 있게 이해할 수 있도록 도와주는 다양한 경험의 제공을 의미한다(김계현 외, 2009; 윤운성·김홍운, 2001; 이성진, 2004; 이시용 외, 2004).

생활지도의 궁극적인 목적은 학생으로 하여금 자신의 능력과 흥미를 파악하여 개인적인 발전을 이루도록 하는 데 있다. 또한, 학생이 사회에서 원만하고 가치 있는 삶을 영위하고 좀 더 나아가서는 민주사회의 바람직한 구성원으로서의 사회복지를 위해 기여할 수 있도록 하는 데 있다(김계현 외, 2009; 김종서 외, 1998; 이시용 외, 2004).

생활지도의 구체적인 목적은 다음과 같다(김계현 외, 2009; 김종서 외, 1998; 이시용 외, 2004).

첫째, 학생이 자신에 대한 이해와 통찰을 정확하게 하여 자율적이고 자주적인 생활 습관을 갖도록 하며 사회에 최대한 공헌하도록 한다.

둘째, 학생이 직면하는 자신의 문제 상태를 정확히 파악하고 해결할 수 있도록 한다.

셋째, 학생이 문제 상태에 당면하였을 때 현명한 선택과 상황에 적응할 수 있도록 한다.

넷째, 학생이 가능한 한 자신의 노력으로 그들이 타고난 여러 가지 자질을 발견하여 계발할 수 있도록 한다.

다섯째, 학생이 신체적, 지적, 정서적, 사회적인 모든 면에서 인정되고 조화로운 삶을 누릴 수 있도록 한다.

2) 생활지도의 일반적인 원리

생활지도는 훈육과 다르다. 훈육은 일방적인 규칙이나 체벌을 중시하고 있으나, 생활지도는 모든 학생을 대상으로 예방을 목적으로 실시된다. 생활지도에서 교사가 고려해야 하는 일반적인 원리는 다음과 같다(김계현 외, 2009; 김종서 외, 1998; 이시용 외, 2004).

첫째, 생활지도는 예방을 목적으로 한다. 생활지도를 통해 학생이 일상생활에서 해결해야 할 여러 가지 문제를 스스로 해결하도록 도와준다. 그러나 문제가 일어났을 때 해결을 도와주는 것도 중요하지만 사전에 문제가 일어나지 않도록 지도해야 한다. 즉 심리적 문제를 제거하거나 교정하는 것도 생활지도의 중요한 부분이지만, 자라나는 세대의 바람직한 성장을 조성하는 것은 더욱 중요한 일이다. 그러므로 생활지도는 당면의 문제해결보다는 예방의 기능이 강조된다.

둘째, 생활지도는 모든 학생을 대상으로 한다. 지능이 낮고 공부를 못하는 학생이나 신체적 결함으로 사회에서 고립된 학생만이 생활지도의 대상이 아니다. 지능도 높고 공부도 잘하며 신체적으로도 정상이고 사회적으로도 잘 적응되어 있는 학생까지도 그 대상이 된다.

셋째, 생활지도는 학생의 자율적, 자발적 행동을 돕는 데 있다. 학생이 당면한 문제를 교사가 대신 해결해 주는 것이 아니라 학생 스스로 당면한 문제를 해결할 수 있도록 기회를 마련해 준다. 그러므로 생활지도는 실천의 주도권을 항상 학생에게 부여하고, 교사는 다만 그들의 자발성을 유도하면서 조력해 나간다.

넷째, 생활지도는 연속적이고 장기적으로 운영되어야 한다. 자기 스스로 문제를 해결할 수 있는 능력을 기른다는 것은 삶을 영위하는 데 매우 중요하다. 이런 목적을 위하여 실시되는 생활지도는 일시적인 문제뿐 아니라 장기적 계획 아래 연속적 지도과정으로 이루어져야 한다.

다섯째, 생활지도는 임상적인 판단에만 의존할 것이 아니라 과학적 정보를 근거로 편견 없는 정확하고 객관적인 절차에 따라 실시되어야 한다. 학생을 이해하기 위하여 다양한 검사를 실시하기도 하고 심층적인 자료를 수집하기도 한다.

3) 생활지도의 운영 원리

생활지도의 실제적인 운영 측면에서는 다음과 같은 점들을 고려할 필요가 있다(김계현 외, 2009; 김종서 외, 1998; 이시용 외, 2004).

첫째, 생활지도는 근본적으로 개인 발달에 관심을 두고 있다. 진정한 의미의 개인 발달이란 자아에 관하여 이해하고 폭넓은 개인적 탐구를 할 수 있는 상태를 말한다. 일반적으로 학교교육은 지적 발달 영역을 더욱 강조한다. 그러나 생활지도 프로그램은 학생이 자신에 대하여 인식하고 스스로의 경험을 이해할 수 있도록 돕는 것을 특징으로 한다. 따라서 생활지도는 개인발달에 대한 개념을 기초로 해야 하며, 학생에게 자기평가의 기회를 제공해 주어야 한다.

둘째, 생활지도는 개인의 행동에 개입한다. 생활지도 담당자의 중요한 관심사는 개별 학생의 개인적 발달과 그들이 처해 있는 주위 환경이다. 생활지도 담당자는 개인면담, 상담관계, 검사해석 그리고 학생 자신의 내적 구조를 이해하는 데 도움이 되는 다양한 방법을 활용하게 된다. 이러한 방법들을 통해서 개인은 자신이 처해 있는 세계와 자신들의 경험에서 얻은 의미들을 검토할 수 있다. 생활지도는 개인 자신만의 유일한 지각세계와 주변의 삶에서 일어나는 일련의 외적인 사건들이 상호작용하는 지점에서 이루어진다. 그러므로 생활지도 프로그램은 그 과정과 실제에 있어서 학생이 구체적인 상황과 외부적·사회적 상황을 잘 이해하도록 고안되어야 한다. 따라서 생활지도 담당자의 활동이란 개인들이 자신의 발달을 관리하기 위해 스스로의 경험, 태도 등을 바르게 이해하도록 도와주려는 노력을 말한다.

셋째, 생활지도는 강제나 강압이 아닌 협력 지향적이어야 한다. 생활지도는 학생과의 상호 협의에 의해서 이루어져야 하며, 강요나 압력이 배제되어야 하고, 교사는 학생이 지닌 생활지도에 대한 저항을 감소시킬 수 있어야 한다. 즉 외부의 강요나 의무감에 대해서가 아니라 학생 스스로의 내적 동기에 의존하거나 또는 기꺼이 받아들이는 태도에 의존해야 한다.

넷째, 인간은 스스로 자아를 개발해 나가는 자기발달의 능력을 갖고 있다. 따라서 교사는 학생이 스스로 자아를 개척할 수 있는 기회와 자아실현의 능력을 갖도록 도와줘야 한다. 또한 학생 자신이 모든 영역에 영향을 줄 수 있고 동시에 영향을 받기도 하는 특별한 존재라는 자긍심을 갖도록 도와주어야 한다.

다섯째, 생활지도는 개인의 존엄성 및 가치의 인정을 기초로 한다. 생활지도는 개인의 기본적인 존엄성에 대한 믿음을 바탕으로 해야 하며, 민주주의에 입각한 인간의 평등과 자유를 실현하고자 노력해야 한다. 즉 인간은 유일하고 신성하게 대우받을 권리를 갖고 있음을 의미한다. 이런 원리에 따라 최대한의 자유를 보장받아 자기결정으로 인생을 계획하고 성취할 수 있을 때 비로소 인간은 자기소외나 불안이 감소되며, 생산적인 가치를 지니고 변화에 능동적으로 대처하게 된다.

여섯째, 생활지도는 지속적이며 연속적이며 교육적인 일련의 과정이다. 생활지도는 학교생활을 처음 시작하는 초등학교에서부터 시작하여 학교교육 기간 동안 지속되어야 한다. 이를 위해 생활지도는 하나의 단일한 형태로 전체 학교 프로그램 속에서 일관성 있게 통합될 필요가 있다.

4) 생활지도의 영역

생활지도는 학생이 학교생활을 성공적으로 이끌어 나가도록 도와주는 교과성적과 관련된 교육지도, 장래문제와 관련된 진로지도, 원만한 대인관계 유지를 위한 정신건강지도, 여가를 건전하게 활용할 수 있도록 도와주기 위한 여가지도 등을 포함하게 된다. 생활지도는 학생 개인의 전인적 발달을 지향하고 있으므로 학교에서 수행하는 교육활동 전반에 관심을 가지게 된다(김계현 외, 2009; 이재창, 2005).

(1) 교육지도

학생이 학교교육을 받는 데 필요한 사항들을 인식시키고 개발한다. 학교생활에 필수적인 교육과정에 대한 안내, 올바른 학습습관에 관한 지도 및 기초학력 부족에 대한 대책, 독서지도방안 등을 모색한다.

(2) 직업 및 진로 지도

학생의 욕구와 흥미 및 소질과 개성을 파악함과 동시에 사회의 필요를 이해하도록 도우며, 학생의 진로와 장래직업에 관련된 각종 정보를 수집하여 제공한다. 학생의 직업적성진단, 진로선택지도, 취업지도, 추수지도 등의 활동을 포함한다.

(3) 성격지도

학생들의 건전한 성격형성을 도와주기 위한 프로그램의 개발과 운영 또는 문제아의 발견과 치료 등이 포함된다. 청소년의 심리적 발달특성을 이해시켜 지나친 불안이나 열등감에서 벗어나 안정된 심리적 기초를 유지하도록 도와준다.

(4) 사회성지도

집단생활에서 필수적으로 요청되는 원만한 대인관계의 수립을 도와주기 위한 여러 활동들이 포함된다. 가족관계, 이성문제나 대인관계문제를 지닌 학생을 도와주기 위해 집단활동을 계획하기도 한다.

(5) 건강지도

학생들의 신체적·정신적 건강을 유지하는 데 도움을 주기 위한 교육적 활동을 포함한다. 갈등을 처리하는 기술이나 스트레스에 대처하는 방법 등을 알려주고 영양부족, 비만, 신체적 결함 등을 극복할 수 있도록 도와준다.

(6) 여가지도

학교에서 수행하는 교과활동이 아닌 교과 외 활동을 지도하고 조언하는 것이 포함된다. 건전한 여가활동을 통해 자기성장을 추진해 나가는 새로운 경험을 가질 수 있도록 개인적 또는 집단적 지도를 행한다.

5) 생활지도의 활동

(1) 학생조사활동

학생조사활동은 학생 이해를 위한 기초자료를 수집하는 활동으로 정확하고, 과학적인 학생 실태 파악을 목적으로 한다. 효율적인 생활지도를 위해서는 정확하고 가치 있는 자료를 될 수 있는 한 많이 수집하여 학생들의 자기 이해를 도와주어야 하며, 조사활동을 통하여 얻어진 자료는 생활지도의 전체적인 운영이나 교육계획 수립에 활용되어야 한다. 뿐만 아니라 학생 이해를 위한 조사활동의 결과는 학생을 도와주려는 학교의 다른 구성원에게도 제공되어야 하며, 학생에 관한 정보와 자료의 수집활동은 계획성 있고 체계적으로 수행해야 한다.

(2) 정보수집 및 제공활동

정보수집 및 제공활동은 학생들에게 필요한 각종 정보를 수집, 제공함으로써, 학생들의 자기성장과 적응을 도와주는 것이다. 이러한 활동은 학생들로 하여금 자기문제를 해결하거나 장래계획을 세우는 데 필요한 주변 환경 조건 및 그와 관련된 여러 사실들을 객관적으로 이해하고 평가할 수 있도록 도와주게 된다.

생활지도에 필요한 정보는 학교에서 자체적으로 조사할 수도 있고 각종 간행물이나 전문서적 또는 지역사회 자원인사들을 통해 수집할 수도 있다. 정보활동에서 가장 중요한 것은 정보의 정확성과 참신성이므로 최신 정보를 정확하게 수집, 제공해야 한다. 특히 정보제공활동은 정규수업시간을 이용하거나 집단을 대상으로 수행할 수 있기 때문에 시간이 절약되고 생활지도교사가 일반 학생들과 친해질 수 있는 계기를 마련할 수 있으며, 학생들로 하여금 상담의 필요성을 느끼게 하는 장점을 지닌다.

(3) 상담활동

상담활동은 생활지도의 가장 중심적인 활동으로서 도움을 필요로 하는 학생들의 적응을 도와주는 것이다. 상담은 전문적 훈련을 받은 상담자와 문제를 지닌 내담자인 학생 간의 친밀한 관계 속에서 진행되는 대화를 통해 학생으로 하여금 자신의 정서적·정신적 문제해결 능력을 신장하도록 도우며, 정신건강을 증진시켜 능동적으로 환경에 대처해 나가도록 도와준다.

학교에서 수행하는 상담은 일반적으로 개인상담의 형태를 지닐 수도 있고 집단상담의 형태를 취할 수도 있지만 대체로 상담자와 학생 간의 상호 인간관계에 의해서 이루어지는 학습지향적인 과정이라고 할 수 있다. 특히 학교상담은 전문적인 기술을 지닌 상담자가 내담자인 학생으로 하여금 자신이 직면한 현실과 보다 효과적으로 관계를 맺도록 도와주는 과정으로 구성된다는 특성을 가진다. 따라서 학교상담활동의 목적은 학생들의 행동변화 촉진, 적응능력기술의 향상, 의사결정능력의 배양, 대인관계기술의 향상, 잠재능력의 개발에 있다.

(4) 정치활동

정치활동이란 학생들이 자신의 진로를 정확하게 이해하여 현재의 자기 위치를 현명하게 선정할 수 있도록 도와주는 활동을 말한다. 정치활동은 학생은 전공계열이나 과목선택, 동아리 활동 및 진로 선정에 관계되는 일에 이르기까지 모든 학년에 걸쳐서 학생들이 필요로 하는 요구를 최대한 충족시키려고 노력하는 활동이다.

정치활동은 교육적 정치활동과 직업적 정치활동으로 구분할 수 있다. 교육적 정치활동은 교육적 효과를 높이기 위한 학급편성, 학생의 능력과 적성에 따른 특별반 편성, 선택과목결정, 진급, 월반, 전학, 편입학과 관련된 사항 등을 도와준다. 직업적 정치활동은 학생들의 장래희망 직업, 그리고 졸업생이나 중퇴자의 취업 및 적응과 관련된 사항을 도와준다. 정치활동은 급격하게 변화되는 사회 자체가 학생들로 하여금 학교생활 중에 계속적인 선택과 결정을 요구하기 때문에 오늘날에 이르러 학교에서 더욱 중요한 활동으로 받아들여지고 있다.

(5) 추수지도활동

추수지도활동이란 일정 기간 생활지도를 받았던 학생들이 진학하거나 또는 졸업한 후 건전하게 사회적 적응을 하고 있는가를 지속적으로 확인해 보고 지도, 평가하는 활동이다. 추수지도활동은 학생들의 계속적 발전에 관심을 가진 상담자와 학교에서 생활지도의 효과성을 알아보기 위하여 실시되기도 한다. 추수지도활동은 치밀한 계획 아래 이루어지는 것이 보통이나 어떤 활동은 일시적으로 이루어질 수도 있다. 이러한 추수활동을 통하여 학교의 생활지도 계획 및 지도방법을 반성, 평가하고 개선을 위한 자료로 활용할 수도 있다.

6) 학교상담의 개념 및 특징

상담은 '카운슬링(counseling)'에 대한 번역어로서 '조언을 준다, 가르쳐 준다'는 뜻을 지니고 있다. 상담에 대한 국내·외 학자들의 개념 정의를 종합해 보면 상담(counseling)은 도움을 필요로 하는 내담자와 도움을 주려는 상담자 간에 성립된 인간관계를 바탕으로 조언을 주고 문제를 해결하는 전문적인 활동과 그 과정으로 이해된다.

학교는 상담과 불가분의 관계이며 학생의 학교생활적응, 학업문제, 교우관계문제, 가정문제, 비행 등 여러 종류의 문제에 관여하여 미리 문제를 발견하여 조치를 취하는 예방의 기능을 한다. 학교에서의 상담은 전문상담교사를 통해서 이루어지기도 하고 일반 교사에 의해서 실시되기도 한다.

'학교상담'은 '학교에서 이루어지는 상담' 즉 장소를 기준으로 붙여진 용어이다(서정화 외, 2012: 56-57). 하지만, 장소 구분 이외에 학교상담을 정의 내리기 위해서 학교상담과 교육, 생활지도, 상담 등의 관계를 살펴봐야 한다. 우선 교육과 생활지도의 관계를 살펴보면, 학자들은 교육을 크게 교과지도와 생활지도로 양분된다고 보고 있다(김계현 외, 2009). 이렇게 볼 때 생활지도는 교육에 포함되는 영역이라는 것을 알 수 있다. 한편, 이재창(2005)은 생활지도와 상담 간의 관계를 살펴보면, 학생조사활동(pupil inventory service), 정보활동(information service), 상담활동(counseling service), 정치활동(placement service), 추수 및 평가활동(follow-up and evaluation service)을 생활지도의 하위 영역으로 보았으며, 생활지도의 가장 핵심내용은 바로 상담이라고 보았다. Schmidt(1996)는 학교상담을 학생에게 교육의 목적을 달성할 수 있는 평등한 기회를 제공하고 적절한 진로를 선택하게 하며, 민주사회의 건강한 시민으로 발전하도록 학생, 부모, 교사에게 서비스를 제공하는 것이라고 정의하였다.

이처럼, 학교상담은 생활지도의 개념에 발달적·예방적·종합적·체계적 성격을 강화한 개념에 해당된다. 상담교사가 정규 일과시간에 학생들을 찾아가서 발달상에 겪을 수 있는 어려움이나 문제 등을 중심으로 제공되는 생활중심의 경험학습 기회, 즉 학교상담 교육과정을 마련하여 이를 실행하는 것은 종전의 생활지도와는 차별화된 학교상담의 가장 중요한 특징이다(유형근, 2002).

학교상담은 상담의 대상, 상담내용, 상담자 및 상담자의 임무 면에서 일반상담의 성격과는 다르다(이종헌, 2005). 학교상담은 학생, 학부모와 교사, 지역사회 관련인 등을 대상으로, 학생들의 발달적 문제를 다루기 위해 상담, 자문, 조정 등의 활동을 하는 것이다. 상담의 영역 및 내용은 학교생활의 모든 영역에 해당되고, 학교에서 상담을 하는 교사의 역할은 학교라는 교육적 상황에서 그 임무가 수행되므로 치료를 목적으로 하는 다른 기관보다 광범위하다. 학교상담은 일반상담과 달리 병리적·의학적 접근보다는 예방에 주력하고, 발달적, 종합적으로 이루어진다(서정화 외, 2012: 57).

7) 학교상담의 목적과 의의

학교상담의 핵심은 상담교사와 학생이며 학교상담의 기본적인 목표는 학생의 변화라고 할 수 있다(연문희·강진령, 2009). 상담교사가 학생 개개인의 성장과 발달을 촉진시켜 학생의 자아실현을 조력하는 것이 학교상담의 기본 목표이며, 개개인의 성장과 발달, 자아실현이라는 추상적인 목표의 하위 목표로 일곱 개의 중간목표가 있다. 이 중간목표는 학생자신의 자기 이해, 잠재능력의 발견과 개발, 행동과 사고의 변화, 문제해결 능력 신장, 의사 결정 능력의 제고, 인간관계의 개선, 적응 능력의 신장이다. 이장호(2005)는 학교상담의 목표를 자기 이해, 건전한 자아 개념의 발달, 학습과정의 촉진, 대인관계의 발달, 정서적 문제의 해소 등과 같은 차원에서 도와주는 것이라고 하였다(서정화 외,

2012: 57-58).

학교상담의 목표는 학생 개개인의 성장과 발달을 촉진시키기 위한 것이며, 인지·정의·행동 영역을 고려하여 학생이 자기 자신의 문제를 이해하고, 해결할 수 있는 능력을 기르는 것이라고 제시하였다. 이를 종합해 볼 때 학교상담의 목적과 의의는 다음과 같다(서정화 외, 2012: 58-59).

첫째, 학교상담은 학생의 전인적인 성장을 추구한다. 전인교육은 지·덕·체를 고르게 성장시키고자 하는 것으로, 여기서 덕이란 정서, 성격, 행동, 가치관, 흥미 대인관계 등을 포괄하는 개념이다. 전인적인 성장은 사회의 올바른 적응과 사회의 일원으로서의 개인을 위한 것으로 학교상담은 학교와 사회에서의 적응을 돕는다.

둘째, 상담의 중요한 목적은 문제 행동의 예방이다. 심리치료는 문제가 발생되었을 때 교정 혹은 치료하는 것이 주목적인 데 반하여 학교상담은 치료적 기능도 하지만 더 중요한 것이 예방적 기능이라고 할 수 있다. 학생에게 학교 부적응 문제나 비행이 발생하면 상습적인 비행을 할 가능성이 높고 그것을 교정한다는 것이 대단히 어렵다.

셋째, 학교상담은 문제해결 능력 신장을 통해 문제를 조기에 발견하고 해결하려는 의지를 갖도록 한다. 문제해결력은 문제가 심각해지기 이전에 문제를 조기에 해결하는 능력, 발견된 문제를 조기에 해결하려는 의지, 문제해결을 위해 필요한 자원들을 찾고 활용할 수 있는 능력, 문제해결의 기술이 포함되는 능력이다.

넷째, 학교상담은 교육활동의 일부로서 미래를 위한 준비를 추구한다.미래란 개인의 미래뿐만이 아니라 국가의 미래라는 의미도 된다. 학교상담은 학생 개인에게는 성장과 발달을 통해서 자아실현을 이루도록 돕는 것이지만, 구조화되고 체계적인 상담 활동을 통해서 개인이 포함된 사회와 국가, 세계의 발전을 추구하는 것이기도 하다. 개인에게 있어 미래를 위한 준비는 가정, 직업, 시민으로서의 준비일 것이다. 학교상담이 활성화되고 종합적인 학교상담체제가 구축되면 심각한 문제를 겪게 될 일부 학생의 문제 행동의 예방과 치료뿐만이 아니라 학생 개인에게 필요한 심리적인 서비스를 제공하여 모든 학생들을 위한 교육의 일환으로 개인의 자아실현과 국가·세계의 미래를 위한 준비에 큰 효과를 누릴 수 있을 것이다.

3. 학급경영

1) 학급경영의 개념

학교에서 이루어지는 대부분의 활동은 학급을 통해서 이루어진다. 학생은 학급생활을 통해 지적·사회적으로 성장을 이룬다. 학급은 학생의 교육과 인격의 형성에 핵심적인 역할을 한다. 학급은 학교 교육의 최소 단위이자 교사가 교육의 역할을 수행하는 기본적이며 핵심적인 단위로서 학급이 성공적으로 운영될 때 효과적인 교육이 이루어질 수 있다. 학급경영이란 담임교사가 자신의 교육관과 학급관에 의거하여 학급에서 이루고자 하는 공동의 목표를 세우고 이를 달성하기 위해 학급 내적·외적인 조건을 정비·확립하며 이를 바탕으로 주어진 조건을 바람직하게 운영하는 것을 의미한다.

박병량(2003)은 학급경영의 의미를 질서유지로서의 학급경영, 조건정비로서의 학급경영, 교육경영으로서의 학급경영으로 분류하였다.

첫째, 질서유지로서의 학급경영은 다음과 같이 세 가지 관점이 있다. 질서유지로서의 학급경영은 훈육과 동일시하는 견해, 상담활동을 통해 학생의 문제 행동을 해결하려는 견해, 학급활동에 학생을 참여시켜서 문제 행동을 최소화하려는 교사의 행동으로 보는 견해이다.

둘째, 조건 정비로서의 학급경영 개념은 훈육적 차원에서 벗어나 수업을 위한 학습 환경 조성이라는 관점에서 학급경영을 파악한다.

셋째, 교육경영으로서의 학급경영이다. 이는 학급경영을 경영의 개념을 바탕으로 학급을 효과적이고 효율적으로 운영하는 경영과정으로 여긴다. 이 관점에 의하면, 학급경영은 학급의 목적을 수립하고 이를 효율적으로 달성하기 위하여 인적·비인적 자원을 확보하고 활용하여 학급활동을 계획·조직·지도·조정·통제하는 일련의 활동 과정이라고 할 수 있다(박병량·주철안, 2005).

2) 학급경영의 원리

학급경영을 구상하고 전개하는 데 있어서 교사가 학급을 어떠한 원칙에 입각하여, 어떠한 방향으로 운영하겠다고 하는 학급경영의 방침이나 원리가 필요하다. 많은 학자는 학급경영을 실천하는 데 지켜야 할 가지 기본 원리를 다음과 같이 제시한다(박병량·주철안, 2005; 조동섭 외, 2009; 이철웅, 2011)

첫째, 자유의 원리이다. 학급경영은 현대 민주교육의 기본적 특성의 하나로 아동의 인격을 존중하고 그들의 개성을 발전시켜야 한다.

둘째, 협동의 원리이다. 학급경영은 민주생활의 기본원리의 하나로 학급 집단의 안전과 이익을 위한 협동생활을 할 수 있도록 지도해야 한다. 따라서 아동 간에 경쟁의식이나 대립 또는 분파적인 생활의식과 행동이 일어나지 않도록 해야 한다.

셋째, 노작의 원리이다. 노작은 자기 활동인 동시에 자기표현이다. 정신적 신체적 활동을 통해서만이 유형무형의 창조물이 나온다. 그러므로 학습활동이나 과별활동 등에서 스스로가 자기의 목표를 세우고 그것을 실현해야 한다.

넷째, 창조의 원리이다. 학급 내외의 생활이 언제나 과학적인 마음 즉 자료의 수집과 분석, 통합, 정리, 활용하는 방법을 지도하고 그러한 실제 생활의 기회를 만들어 주어야 한다.

다섯째, 흥미의 원리이다. 흥미는 학습활동의 동기를 주며 원동력이 된다. 따라서 아동이 흥미를 갖게 할 수 있는 생활 환경을 새롭게 해 주고 성공감과 자신감을 갖도록 하며 자율적 활동을 권장해 주어야 한다.

여섯째, 요구의 원리이다. 학교교육은 당면한 사회적 요구, 아동의 요구, 가정의 요구 등을 수용하여 교육적 가치가 있다고 생각되는 경우에는 가급적 충족시켜 주어야 한다.

일곱째, 접근의 원리이다. 교육의 성과는 교사와 아동이 거리감 없이 가장 친근했을 때 더욱 효과가 높아진다. 학급은 이러한 점에서 교사와 아동이 상호 접근하는 장이다. 담임교사와 학생 학생과 학생이 서로 존중하고 인격적으로 대할 때 학급은 부드러워지고 전체의 발전을 기대할 수 있다.

여덟째, 발전의 원리이다. 담임교사는 꾸준히 자기 반성과 평가는 물론 일상에서 학습자의 생활실태 학급의 교육적 제 환경조건의 관찰 및 평가를 통해 보다 나은 방향으로 변화될 수 있도록 해야 한다.

3) 학급경영의 영역

학급경영은 국가 수준의 교육 목표를 학급 수준에서 구체화하여 달성하려는 활동 과정으로 학급의 목적을 추구하며 교육자원을 획득하고 분배하는 활동을 포함하고 있다. 학급경영의 영역이란 학급경영의 과업 또는 활동내용, 범위, 한계, 대상 등을 포괄적으로 말한다. 학급경영의 영역 및 과업은 〈표 7〉과 같다.

| 표 7 | 학급경영의 영역 및 과업

영역	과업
학급경영 계획 수립	• 국가 수준 · 학교 · 학년 · 학급 교육목표 조사 • 학생기초 조사 • 학생 가정환경 조사 • 지역 사회 실태 조사 등
집단 조직 및 지도 영역	• 규칙 및 절차의 수립과 시행 • 소집단 편성 및 지도 • 학급분위기 조성 등
교과 학습 영역	• 학습지도안 작성: 지도안 작성, 교재 연구, 교수자료 준비 • 가정학습지도: 예습지도, 복습지도, 자습지도, 과제지도, 방학지도 • 특수아 지도: 부진아 지도, 장애아 지도, 우수아 지도 • 체험학습지도: 현장견학 학습지도, 체험학습지도 • 특기적성 지도: 특별보충 지도, 특기지도
창의적 체험 활동 영역	• 자율활동, 동아리활동, 봉사활동, 진로활동 등
생활지도 영역	• 인성지도: 정서안정 지도, 사회성지도, 성격지도, 문제아 지도, 행동누가기록과 지도 • 학급상 문제지도: 학교 · 학급생활의 적응지도, 학습부진아 지도, 수업태도 교정 지도 • 진로 및 직업지도: 적성 · 흥미 · 능력에 맞는 진로지도, 1인 1기능지도 • 건강지도: 안전지도, 등 · 하교지도, 위생지도, 급식지도, 성교육, 신체 · 체질 · 체력검사 지도 • 여가지도: 여가의 선택과 활용 방법지도, 유용한 스포츠에 대한 지도, 건전놀이 지도
환경 · 시설 관리 영역	• 게시물 관리: 학생작품 게시, 학습소산물 정리, 시사게시, 행사게시 • 시설관리: 칠판관리, 전시대관리, 사물함관리, 냉 · 난방시설 관리, 유리창관리, 수도관리 • 비품관리: 책걸상관리, 시청각 기교재관리, 화분관리, 정수기관리 • 청소관리: 청소용구 관리, 청소활동 지도 관리 • 물리적 환경 관리: 채광, 통풍, 냉 · 난방, 방습, 방음관리 • 정신적 환경(풍토) 관리

영역	과업
사무관리 영역	• 학급경영계획: 학년교육과정 운영계획 수립, 학급경영 목표 수립, 학급경영 방침 제정, 학급규칙 제정 • 학사물 관리: 학교생활기록부 관리, 건강기록부 관리, 출석부 관리 • 학습지도에 관한 사무: 학급교육과정 운영기록부 작성, 수업안 작성, 개인 연수 및 연수물 기록 관리 • 학생기록물 관리: 학급일지, 회의록, 관찰일지, 일기장 점검, 학습장 점검 • 가정과의 연결물 관리: 통지표 관리, 통신문관리, 각종 통계처리, 학급문고 관리 • 학급경영평가 관리: 교사 자기평가, 학생평가, 실적물 포트폴리오
가정 및 지역 사회와의 관계 영역	• 가정과의 유대: 통지표 발송, 통신문 발송, 가정 방문, 학부모 면담, 학부모회 개최·운영 • 지역사회와의 유대: 각종 홍보 활동, 복지시설 방문, 자매결연 • 유관기관과의 유대: 지역학교와의 연락, 교육청과의 연락, 지역 도서관 • 지역사회자원 활용: 자원인사초청, 현장견학, 각종 조사활동, 공공시설 이용 • 봉사활동: 평생교육프로그램 제공

4) 학급경영의 내용

(1) 학급 분위기 조성

교사가 학급경영을 잘하고 바람직한 학급 풍토를 조성하면 아동의 정신적·사회적 발달이 촉진되며 아동 간에 강력한 정체감 및 일체감이 형성되어 자발적으로 협동하게 되며 학생들이 학급에 대해 긍정적인 태도를 갖게 된다(Jarolimek & Foster, 1997). 학생의 이런 긍정적인 태도는 학급의 분위기를 바람직하고 상호작용이 활발하게 만드는 데 영향을 준다.

학급은 하나의 고유한 학급 분위기를 갖고 있으며 이런 분위기는 학업 성취를 향상시키거나 저해하는 형태나 행위로 나타날 수 있기 때문에 학급분위기를 어떻게 조성하느냐는 중요하다(Brookover et al., 1978). 또한, 인간은 환경의 영향을 받기 때문에 교사와 학생, 학생과 학생은 서로 서로 영향을 주고받으며 학급 분위기를 형성해 간다.

조직에서 조직분위기는 집단 구성원의 심리적 지각에 초점을 두고 조직이나 집단구성원의 행동에 영향을 주는 것으로 구성원은 분위기를 형성하는 중요한 요인으로 작용하며 상호 밀접한 관계가 있다. 이와 마찬가지로 학급에서도 담임교사와 학생이 학급 분위기를 조성하는 구성원으로 둘 사이의 관계가 학기 초부터 어떻게 형성되느냐에 따라 학급경영에 영향을 준다. 더불어 담임교사로 인해 학생과 학생이 상호작용이 어떻게 이루어지느냐에 따라 학급의 분위기가 달라지며 이는 담임교사가 학급을 경영하는 데 중요한 작용을 한다.

(2) 기본생활습관 형성

교사와 학생들은 학급에서 공식적 비공식적 지위와 역할을 가지면서 교수-학습을 중심으로 하는 학습 집단의 기능과 인간관계를 중심으로 하는 생활 집단의 기능을 갖는다. 학급을 작은 사회라고 생각했을 때 학급을 유지시키고 효과적으로 학급경영을 하기 위한 규범이 필요하다. 기본생활습관은 한 개인이 생활의 기본이 되는 것을 익혀서 습관화하는 것으로(엄세진, 2017), 학급에서의 생활 집단의 기능을 가능하게 해 줄 일상생활을 하면서 필요한 기본생활습관과 교수-학습활동을 진행하기 위한 기본생활습관을 형성시킬 필요가 있다.

기본생활습관이 학급경영에서 중요한 내용으로 다루어지는 이유는 학생들이 기본생활습관이 형성되지 않아 지체되는 시간이나 학생의 행동은 학습 시간을 감소시키고 학생들의 성취 결과를 저하시킬 뿐만 아니라 다른 학생들의 학습에도 부정적인 영향을 미치기 때문이다. 따라서 기본생활습관 형성으로 예의 없고 부적절한 행동을 감소시킬 뿐만 아니라 학생들이 배우고 성장할 수 있도록 기반을 마련해 주는 것은 학급경영에서 담임교사가 중요하게 다루어야 할 내용이다.

(3) 문제 행동 지도

문제 행동이란 아동이 일상생활에서 나타내는 사회적 기대나 규범에서 벗어난 행동으로서, 가정이나 학교, 지역사회에서 생활해 가는 가운데 여러 가지 환경 요인들로 인해 유발된 행동적·심리적 부적응 결과이다(한미현, 1993). 문제 행동이란 사회 및 정서 발달상에 나타나는 내면화된 또는 외현화된 역기능을 지칭하는 것으로 학령기의 아동에게 흔히 나타나며 그 종류나 정도에 있어서 매우 다양하다(황혜신·황혜정, 2001).

담임교사는 학생이 계속 문제를 일으키거나 수업분위기가 지나치게 산만하거나 문제 행동이 일어나는 수업에서는 효과적으로 교수-학습이 이루어질 수 없기 때문에 수업을 관리하고 학생을 지도해야 하고 이러한 활동들이 학급경영의 한 부분이 되는 것이다. 여기에서는 수업의 흐름을 방해하는 학생의 개인행동이나 학생들 간에 발생하는 문제를 문제 행동으로 보고 이러한 문제 행동을 수정하고 변화시키기 위한 담임교사의 지도에 초점을 둔다.

5) 학급경영의 방법

학급경영의 대상은 학생이다. 그렇기 때문에 학급경영의 방법은 어떤 내용을 중심으로 학생지도를 어떻게 하느냐에 초점이 맞추어진다. 학급경영의 내용은 학급의 분위기를 조성하고 학생들의 기본생활습관을 형성하며 문제 학생을 지도하는 일로서 중요한 일이다.

학급경영의 대표적인 방법은 훈육이다. 훈육이란 사회집단의 규범이나 과업수행 및 상황이 요구하는 행동에 어긋나는 행동을 개선하여 올바른 행동을 하도록 하는 활동이라고 할 수 있다. 학교에서 이루어지는 훈육은 바람직한 방향으로 학생의 문제 행동을 예방 지도하는 것으로 학교 또는 학급 내에 교육적 질서를 유지하기 위한 행위이다(박병량·주철안, 2005). 학급경영에서의 훈육은 학급의 질서를 유지하고 약속과 규칙으로 긍정적인 학급분위기를 조성하여 문제 행동을 예방하고 개선하는 학급경영 방법으로 볼 수 있다. 효과적으로 훈육하기 위해서는 학생들의 성장과 학습을 지원하는 교육환경 조성과 그들의 긍정적이고 바람직한 방향으로서의 행동 변화에 역점을 두는 담임교사의 학급경력 능력이 필수적이다.

문제 행동을 감소시키는 효과적인 학급경영의 핵심 원리는 다음과 같다 (Good & Brophy, 1991).

첫째, 학생은 그들이 이해하고 수용하는 규칙을 잘 따른다.

둘째, 학생들이 그들의 흥미와 적성에 맞는 의미 있는 활동을 계속할 때 훈육 문제는 최소화된다.

셋째, 학급경영은 문제 행동의 통제를 강조하는 부정적인 관점보다는 생산적인 행동에 열중하는 학생의 시간을 극대화하는 쪽으로 접근하여야 한다.

넷째, 교사는 단순히 학생들을 통제하려 하기보다는 자기통제력을 발달시키는 데 그 목표를 두어야 한다.

또 다른 학급경영의 방법으로 행동수정 이론에 기반을 두는 강화와 벌을 들 수 있다. 행동수정 이론은 인간의 행동을 조작하고 변경할 수 있다는 관점에서 학급에서 많이 사용된다. 강화는 어떤 자극으로 인해 그에 선행되는 반응이나 행동의 빈도를 증가시키는 '정적 강화'와 혐오자극을 도피하거나 회피하면서 어떤 바람직한 행동을 하도록 유도하여 그 행동을 증가시키는 '부적 강화'가 있다. 강화 자극 중 하나로 한 집단의 바람직한 행동을 지속 유지시키기 위해 주어지는 강화물을 토큰이라고 하는데 토큰강화는 조작적 조건 형성 이론에 근거하여 기대 행동이 일어날 때 이를 강화하기 위한 것이다. 이성진(2004)은 조건, 강화 자극으로 칭찬, 인정, 사랑의 표시, 돈, 좋아하는 책, 게임, 하고 싶은 놀이 등 수없이 많은 토큰 강화물이 있다고 정의하였다. 이와 반대 개념으로 벌은 바람직하지 못한 행동을 금지시키거나 잘못 형성된 습관을 소멸시키기 위하여 주어지는 불쾌한 자극의 총체를 의미하는 것으로 신체적인 고통만이 아니라 심리적 불쾌 자극까지 포함한다.

효율적인 교사 즉 학급경영을 잘하는 교사는 수업과 관련이 없는 행동(화장실 가기, 쓰레기 버리기 등)과 같은 일상생활뿐만 아니라 수업과 관련된 행동(수업 준비, 학습 집단 조직, 역할 분담활동 등)에 대해 어떻게 해야 하는지에 대해 명확히 제시한다(Emmer et al., 1980). 학생들은 상황별로 자신이 어떻게 행동해야 하는지를 알고 실천하며, 이는 학급경영의 효율성을 높이는 데 도움이 된다(유지영, 2013).

4. 인간관계

예비교사는 교육실습 과정에서 정해진 업무를 수행하는 동시에 인간관계를 형성해 나간다. 최근 교육실습과 관련하여, 인간관계의 중요성이 부각되고 있다. 왜냐하면 예비교사가 교육실습 중에 경험한 인간관계는 예비교사의 수업 전문성뿐만 아니라 교직 적응에 영향을 주기 때문이다. 예비교사는 교육실습 과정에서 지도교사, 학생, 동료 교육실습생과, 지도교수와의 인간관계를 형성하게 되는데, 이때 긍정적인 인간관계가 형성될 필요가 있다(박은혜·조운주, 2006).

1) 지도교사와의 관계

지도교사는 교육실습 과정에서 대학교수의 역할을 담당하게 된다. 지도교사는 예비교사와 교육실습 과정에서 대부분의 시간을 함께 보내며, 교육실습을 감독하는 데 일차적인 책임이 있다. 지도교사는 실습 기간 동안에 교사로서의 성장에 있어서 가장 중요한 영향을 주는 인적 요인이다(Anderson, 2007). 예비교사는 지도교사에게 수업에 대한 지식과 노하우를 전수받으며, 교직 수행에 대한 성찰과 반성을 통하여 수업 전문성을 향상시키게 된다.

교육실습생과 지도교사는 교육실습에서 가장 밀접한 인간관계를 형성하게 된다. 지도교사와 교육실습생은 짧은 기간이지만 교육실습 동안 매일 함께 일해야 하며, 집중적으로 상호 의존적인 관계를 갖기 때문이다. 그러므로 교육실습생은 교육실습 경험에서 교사로서의 발전을 성취하기 위해서 지도교사와 좋은 관계를 형성하려는 노력이 필요하고, 지도교사는 교육실습생에게 정서적, 전문적인 지원과 배려를 제공하려는 노력이 필요하다(Eltiste, 1989).

교육실습생은 학급에 대한 최종적인 책임과 법적 책임이 지도교사에게 있다는 것을 명심해야 한다. 교육실습생은 학급에서 일어나는 모든 일에 흥미를 갖고 지도교사가 도움을 요청할 때 적극적인 자세를 가져야 한다. 교육실습생이 수업 시연을 할 때에는 수업계획을 신중하게 하고, 수업에 대한 책임감을 가져야 한다(박은혜·조운주, 2006: 150-151).

지도교사는 교육실습생이 도움을 원할 때 적극적으로 도움을 제공해야 한다. 교육실습생이 잘한 일에 대해서는 칭찬을 하여 자신의 장점을 인식하게 한다. 교육실습생에게 다양한 경험을 제공하고, 교육실습생의 의견을 전적으로 비판하지 말아야 한다. 지도교사는 교육실습생에게 정서적·전문적 지원을 제공할 필요가 있다. 지도교사는 교육실습을 불안해하는 교육실습생에게 교육실습의 방향을 알려 주고, 정보를 제공해야 한다. 박은혜와 조운주(2006: 152)는 교육실습생과 지도교사가 신뢰로운 관계 형성을 위해 노력해야 할 점을 〈표 8〉과 같이 제시하였다.

| 표 8 | 교육실습생과 지도교사가 신뢰로운 관계 형성을 위해 노력해야 할 점

교육실습생의 노력	지도교사의 노력
• 자신의 한계를 인정하고, 지도교사의 비판을 긍정적으로 수용한다. • 모든 일에 책임을 다하고 능동적인 자세를 갖는다. • 협조적이고 긍정적인 태도를 갖는다. • 지도교사의 입장에서 생각한다. • 자부심을 갖고, 현재에 머무르지 말고 발전적으로 노력한다. • 의사소통 방법을 배운다. • 실습학교, 지도교사 등의 문제 및 단점에 대해서 비밀을 지킨다.	• 마음을 열고 교육실습생의 고민을 들어 준다. • 지도교사가 실수를 할 경우에는 자신의 실수를 솔직하게 시인한다. • 교육실습생을 존중한다. • 교육실습생의 입장에서 이해한다. • 교육실습생을 친절하고 따뜻하게 대한다. • 편견이나 선입견을 가지고 판단하지 않는다. • 다른 교육실습생과 비교하지 않는다. • 교육실습생의 문제나 단점에 대해서 비밀을 지킨다.

2) 학생과의 관계

교육실습생과 학생과의 관계 형성은 중요하다. 예비교사는 실습학교 학생들과 수업과 생활지도를 경험하게 된다. 교사는 이러한 경험을 통하여, 자신이 가르칠 학생의 인지·정서 발달 단계를 이해하게 된다. 교육실습이 성공적으로 이루어지기 위해서는 교육실습생과 학생들이 긍정적이고 발전적인 관계를 형성해야 한다. 교육실습생과 학생과의 원만한 관계는 수업 분위기에 활력을 준다(박은혜·조운주, 2006).

교육실습생은 학생과의 관계에서 정직함이 최고의 전략이라는 것을 배워야 한다. 교육실습생들은 모든 학생들이 가치 있는 존재로 평등하게 대하는 것을 배워야 한다(박은혜·조운주, 2006: 155). 또한 교육실습생은 학생들의 개인적인 문제와 요청을 다룰 수 있어야 한다. 교육실습생이 학생을 가치 있는 개인으로 대하고, 공정함과 존중을 보여 주기 위한 구체적인 방법은 〈표 9〉와 같다.

| 표 9 | 학생과의 관계 형성 방법

- 학생의 이름을 불러 준다.
- 학생에게 관심을 갖고 장점을 찾는다.
- 학생의 의견과 감정 표현을 듣고 적절하게 반응한다.
- 학생과 비언어적인 행동(눈맞춤, 미소, 끄덕임 등)을 하면서 상호작용한다.
- 학생 스스로 책임질 수 있는 일을 제공하고, 학생을 믿는다.

교육실습생은 교육실습 과정에서 발생할 수 있는 복잡하고 다양한 상황에서 학생들을 적절하게 대처할 수 있어야 한다(박은혜·조운주, 2006: 156-157). 상황에 따른 교육실습생의 대처방안은 〈표 10〉과 같다.

| 표 10 | 상황에 따른 교육실습생의 대처방안

상황	대처 방안
신중하게 약속하기	학생들과 약속을 했을 때 지키지 못하게 되면, 학생들과 신뢰관계가 무너질 수 있으므로, 신중하게 약속한다.
학생에게 관심 갖기	어떤 학생은 교육실습생을 따르지 않을 경우가 있다. 학생에 관심을 갖고 격려를 하면 관계 형성에 도움이 된다. 단, 학생의 요구를 모두 받아 주어서는 안 된다.
학생과의 적절한 거리 유지하기	교육실습생에게 관심이 많은 학생이 있다. 이러한 학생들과 적절한 거리를 유지하여 교육실습이 원만하게 이루어지도록 해야 한다.

3) 동료 교육실습생과의 관계

동료와 함께 교육실습을 하게 된다면, 이들과의 관계가 원만해야 한다. 동료 교육실습생은 교육실습 과정에서 중요한 지원자이다. 교육실습생은 교육실습 과정에서 동료들과 함께 어려움을 공유하고 공감대를 형성하며, 협동하여 문제를 해결하고 서로 배우고 의지하는 존재이다(Glatthorn, 1987). 교육실습생은 동료를 협동적인 지원자로 인식하는 것이 중요하다. 한 학급에 함께 소속된 교육실습생은 한 학급 내에서 거의 하루의 대부분을 함께 보내며 학급의 양상을 관찰하고 협의회에 참여하게 된다. 동료 교육실습생은 수업을 계획할 때 학급의 실태를 서로 알고 있기 때문에, 수업방법이나 흐름에 대한 조언과 의견을 적절하게 제공할 수 있다. 또한 교육실습생이 수업을 전개할 때, 다른 교육실습생은 자료를 나누거나 학생의 과제 해결을 돕는 조력자의 역할을 한다. 한편, 교육실습생들은 상호 경쟁으로 인하여 내적 갈등을 갖기도 한다(Glickman et al., 2014). 교육실습생 간의 적절한 경쟁은 개인적 발전을 촉진시킬 수 있으나 과다한 경쟁은 바람직하지 않다(박은혜 · 조운주, 2006: 161).

4) 지도교수와의 관계

지도교수는 사전교육, 교육실습, 사후교육을 통하여 교육실습에 대한 지원을 제공한다. 교육실습 기간 동안 교육실습생에게 직접적인 지원을 제공할 수 있는 기회는 많지 않으나, 사전교육을 통해서 심리적인 지원을 제공한다. 대부분의 경우 지도교수는 교육실습생이 교사역할, 교수방법 등을 형성할 수 있는 이론적 기초를 지원하고, 평가준거 및 반성의 기초를 제시하므로 교육실습의 맥락에서 교육실습생으로 하여금 주관성을 갖게 한다(박은혜 · 조운주, 2006: 161).

5. 사례연구

사례연구는 지도교사로부터 연구대상 학생을 추천받고 그 학생의 학업 및 성적사항, 작문, 일기 등의 분석방법과 일화기록, 행동묘사 등의 관찰 방법을 통해 문제와 해결책을 구조적으로 접근하는 생활지도의 일환이라고 볼 수 있다. 사례연구는 학생 이해의 방법과 학생지도 기술을 배울 수 있다. 교육실습생은 사례연구 대상 학생이 정신적·사회적 교육적인 면에서 불리하지 않도록 세심하게 배려해야 한다.

1) 사례연구의 특징

교육현장에서 부적응 행동을 나타내는 학생들, 문제성을 지닌 학생들을 대상으로 그들의 생활지도를 효과적으로 하기 위하여 사례연구를 사용한다. 사례연구는 학생의 부적응 행동이나 문제 행동을 정확하게 이해하고 그 문제의 내용과 원인을 진단하여, 적절한 교육대책을 세우고, 문제의 교정 및 치료를 위한 방안을 모색하는 역할을 한다(이종승, 2009).

사례연구의 특징은 다음과 같다.

첫째, 개별성이다. 사례연구는 개인을 선정하고, 그 특수성을 정밀하게 연구한다. 사례연구는 한 대상을 깊이 있게 조사하고 다양한 변인들이 어떻게 작용하는지 그 과정을 심층적으로 분석한다.

둘째, 총체성이다. 사례의 어떤 특정한 한 단면만을 조사하고 연구하는 것이 아니라, 전체적·총체적으로 알아보려는 것이 사례연구의 특징이다. 어느 개인을 대상으로 사례연구를 한다면 그 사례의 신체적, 심리적, 환경적인 모든 요인을 조사하고 이러한 요인들을 토대로 그 사례가 당면한 문제를 포괄적으로 고찰한다.

셋째, 다각성이다. 사례연구에서는 면접, 관찰, 실험, 검사 등의 방법을 활용하여 사례의 이해나 문제의 해결에 도움을 주는 것을 모두 이용한다. 그리고 해당 사례 주변의 유용한 정보원을 최대한 활용한다.

2) 사례연구의 절차

사례연구는 학생 선정, 자료 수집, 문제 확인 및 분석, 문제해결의 절차로 이루어진다. 이에 대하여 구체적으로 살펴보면 다음과 같다. 사례연구 양식은 [그림 6]과 같다.

첫 번째 단계는 사례연구 대상 학생을 선정하는 것이다. 교육실습생은 교육실습 기간 동안 관심이 가는 학생을 선정한다.

두 번째 단계는 자료를 수집하는 것이다. 자료 수집은 각종 심리검사, 면접, 누가기록, 일기, 관찰기록 등으로부터 얻을 수 있다. 이러한 자료들로부터 사례연구 대상자의 가정환경, 성장과정, 교우관계, 적성, 흥미, 건강상태, 대인관계 및 사회적 활동 상황, 장래 계획 등 여러 가지 사실들을 파악할 수 있게 된다.

세 번째 단계는 문제의 확인 및 분석이다. 교육실습생은 수집된 자료에 근거하여 사례연구의 대상이 지닌 문제의 원인이 무엇인가를 종합적으로 진단하고 분석한다. 이때 정확하고 타당한 진단을 하려면 자료 및 증거 방법의 타당성과 신뢰성이 바탕이 되어야 한다. 그리고 표면적인 문제보다는 이면에 숨겨 있는 본래의 문제를 찾아내고 그 원인을 밝히도록 노력해야 한다. 이를 위해서 문제에 대한 다각적인 접근이 중요한 관건이 된다.

네 번째 단계는 문제해결이다. 교육실습생은 문제를 해결하기 위한 대책이나 방법을 검토해 보고, 그것을 실제로 적용 및 실시하면서 변화과정을 계속 관찰한다. 이러한 과정이 끝나면 적용된 문제해결방법이 어떤 결과를 가져왔는지, 그 효과를 평가한다. 필요한 경우 추후지도를 계속한다.

아동 이름		연령		성별	
1. 대상 아동의 특성					
2. 문제 행동					
3. 문제 행동의 진단 및 원인					
4. 지도방안 및 지도 실제					
5. 지도 결과					

| 그림 6 | 사례연구 양식

3) 사례연구의 유의점

교육실습생이 사례연구를 할 때에는 다음에 유의해야 한다(한상효 외, 2009).

첫째, 사례연구에서 특정 사람들에 대한 조사나 분석을 포함하는 경우 연구 과정에서 야기될 수 있는 윤리적 문제에 각별히 유의해야 한다. 기록물의 수집, 관찰 과정에서 참여자의 사생활을 침범하거나 정신적·물질적 피해가 없도록 최선의 노력을 기울여야 한다. 참여자에게 조사의 목적과 방법, 협조사항을 충분히 알리고 동의를 받아야 한다.

둘째, 사례연구는 문서화하고, 이때 각종 정보는 의미 있게 정리되어야 한다. 문제가 파악되었으며, 문제해결을 위해 최선을 다해야 한다. 대상학생의 문제가 성공적으로 해결되었으면 기록을 정리해 두어야 하며, 사후의 행동도 유의해야 한다.

셋째, 사례연구는 대상학생의 비교적 광범위한 정보를 수집하는 것이 통례이나 수집하는 정보는 대상학생의 문제파악에 유익한 것에 국한해야 한다. 사례연구의 대상은 일반적으로 정도가 높은 심리학적인 문제를 지니고 판단되는 학생이 된다. 따라서 대상학생의 문제점을 항상 의식하면서 정보를 수집하여야 하며, 타성적으로 다른 사례연구를 모방해서는 안 된다.

6. 학습지도안의 작성

1) 수업 계획

교육과정은 학교에서 일어나는 교수-학습의 내용과 과정을 규정하는 핵심요소로, 수업 계획은 문서화된 교육과정을 교실 상황에 따라 수업이라는 활동으로 변화시키는 과정이다. 교사는 수업 계획에서 무엇을 가르칠지, 어떤 자료를 활용할 것인지, 학생들에게 필요한 것은 무엇인지, 어떤 경험을 제시해 주는 것이 좋은지 등을 구체화한다. 그러므로 교사는 수업과 관련된 이해와 해석을 바탕으로 중요한 결정을 내리는 과정이라고 볼 수 있다.

수업 계획의 유형에는 장기계획과 단기계획으로 구분할 수 있다. 또한 장기계획은 연간계획, 월간계획, 단원계획으로 세분화할 수 있고, 단기계획은 주간계획, 차시계획으로 세분화할 수 있다(윤광보 외, 2011). 대표적으로 연간계획은 교육과정의 구조와 내용을 파악하고, 연간 수업 시수를 영역별로 나누어 교실 상황에 맞추어 1년간의 수업 계획 수립하게 하고, 단원 계획은 제시된 단원 목표하에 단원 전개 계획을 수립하여 학습되어야 할 요소가 유기적으로 연결되도록 한다. 또한 차시 계획은 단원별로 배정된 시간별 수업에서 초점을 맞추어야 하는 부분을 구체화하여 실제 진행 과정을 예상해 보는 것으로, 교사가 수업 진행 과정에서 알아야 할 사항과 수업 진행의 흐름을 수립하게 한다. 이처럼 수업 계획은 기간에 따라 다양한 유형으로 분류될 수 있다. 각 차시가 얼마나 계획대로 실천되는지에 따라 교육의 성과가 달라지기 때문에, 차시계획은 중요한 수업 계획 중 하나이다(윤광보 외, 2011)

수업 계획에 영향을 미치는 요인은 다양하다. 즉, 수업 목적, 수업내용, 교수-학습 활동, 교수-학습 평가, 교수-학습 전략과 같은 수업 계획의 주요 요소를 결정하는데 이전의 학습 경험, 신념, 학생의 개인적인 특징, 수업 환경 교육과정, 교과서, 동료 교사의 조언 등이 영향을 미친다고 보고되고 있다(정혜영, 2008). 수업 계획 과정은 교사의 경험, 교과 내용 그리고 학교급 등에 따라 달라진다. 대개 교사들은 내용중심의 순환적 방식(내용 및 학습활동 → 평가 → 목표 부여)을 선택하며, 학습활동을 수업 계획에 핵심으로 여기는 반면, 평가와 목표는 부수적인 존재로 인식하는 경향이 있다.

2) 수업 계획의 일반적 원리

수업의 효율성은 수업 전 치밀한 수업 계획과 수업 준비의 정도에 따라 달라진다. 수업 계획이 학습에 대한 중요한 요인으로 작용하므로 효과적인 수업을 계획하기 위해 교사는 다음과 같은 기본 원리를 갖출 필요가 있다(윤광보 외, 2011).

첫째, 타당성이 있어야 한다. 즉, 수업목표에 적합한 계획을 세웠을 때 수업이 엉뚱한 방향으로 흐르지 않고, 의미 있는 학습이 가능하다. 따라서 수업계획은 수업목표에 도달하기 위해 타당하고, 효율성을 가지고 있어야 한다.

둘째, 융통성이 있어야 한다. 같은 목표, 같은 내용, 같은 대상을 가르치더라도 교사의 개인적인 특성에 따라 수업 계획에 영향을 미치며, 수업방법도 달라질 수 있다.

셋째, 과학성에 바탕을 두어야 한다. 계획, 실천 그리고 평가가 이루어지는 과정에서 계획은 가정을 전제로 수립되어야 하고, 그 가정은 실천을 통해서 검증되어야 한다. 그리고 검증된 결과에 따라 다음 단계에 대한 판단 과정을 거쳐야 한다.

넷째, 유동성과 변경 가능성을 고려해야 한다. 계획을 실천하는 과정에서 계획의 모순점을 발견하거나 예상하지 못한 학생들의 반응에 부딪쳤을 때 상황에 따라 계획을 수정할 수 있는 유동적인 계획을 세워야 한다.

3) 수업 계획 과정에서 투입되는 요소

수업 계획은 수업을 준비하는 수업 활동의 한 단계로, 수업의 효과를 증가시키기 위해서 필수적이다. 특히 학생의 흥미나 수준 등 학습자의 개인적 특징에 따라 적절한 수업방법이나 매체가 제공되고, 수업 시간, 학습이 이루어지는 장소, 예산 등 현실적인 여건이 고려되었을 때 효과적인 수업이 수립될 수 있다(윤광보 외, 2011).

박숙희와 염명숙(2013)은 교사가 수업을 계획할 때 다음의 5가지 요소를 갖추어야 할 것을 제안하였다.

첫째, 교사는 요구분석(need analysis)을 통해 교육목적과 수업목표를 설정해야 한다. 교육목적이란 교육 체제가 추구하는 넓은 의미의 목표와 가치를 뜻하며, 수업목표란 학습자가 달성해야 할 성취 목표를 의미한다. 그러므로 수업목표는 구체적으로 학습자가 수업을 마친 후 수행하기를 기대하는 행동을 행위동사를 사용하여 진술할 필요가 있다. 이러한 구체적인 수업목표 진술은 전개될 교수 내용과 위계적인 구조를 파악하는 데 도움을 준다. 그러나 전체적인 지식의 체계를 파악하는 데는 한계가 있으며, 학습자 사이의 상호 작용적 맥락은 무시한 목표 지향적인 수업 성취에만 집중할 수 있다.

둘째, 교사는 수업내용에 대한 지식이 필요하다. 즉, 교사는 가르쳐야 할 모든 종류의 지식이나 기능을 분석하여, 학습이 이루어진 후 학습자가 습득하게 되는 수행능력의 유형을 분류하고 학습 내용의 조직, 구성 등에 대한 절차를 결정할 수 있어야 한다.

셋째, 교사는 학습자에 대한 지식이 필요하다. 학습자는 각자 서로 다른 능력과 특성을 지니고 학습자 내에서도 능력 간의 차이가 존재한다. 교사는 능력, 적성, 학습 유형, 선수학습 정도 등 학습자의 특성을 이해하고, 이러한 특성을 반영한 수업을 설계하여 교육의 효과를 극대화할 수 있는 교수-학습 환경을 마련할 필요가 있다.

넷째, 교사는 교수-학습 방법에 대한 지식이 필요하다. 교사는 교수-학습목표를 달성하기 위한 구체적인 방법을 모색하여 계획을 세워야 한다. 예를 들어, 교사는 교사 중심의 설명식 수업과 학습자 중심의 수업, 개별학습과 집단학습, 수업 매체 활동 등을 계획해야 한다. 이러한 계획을 세울 때에는 교실의 크기,

좌석 배치, 조명, 컴퓨터실, 과학 실험실 등의 환경도 함께 고려해야 한다.

다섯째, 교사는 평가계획을 수립해야 한다. 계획 단계에서부터 평가방법, 평가문항 등에 대한 구체적인 계획이 수립되었을 때, 수업목표 달성도를 확인할 수 있다.

4) 학습지도안

수업의 준비 단계에서 가장 중요한 일은 바로 학습지도안을 작성하는 것이다. 학습지도안은 한 시간의 수업을 효과적으로 이끌기 위한 수업의 시안이며 수업의 가설이다. 따라서 학습지도안은 건축의 설계도나 항해사가 가진 나침반과 같이 수업이 나아갈 방향을 제시해 주는 역할을 한다. 이것은 수업자와 참관자에게 안내 지침서로 작용한다.

학습지도안의 기능은 다음과 같다.

첫째, 학습지도안은 수업활동의 방향을 가르쳐 준다.

둘째, 학습지도안은 학습자가 도달해야 할 학습목표가 무엇인지 알려 준다.

셋째, 학습지도안은 대단원과 본시 수업의 전체적인 흐름을 파악할 수 있게 해 준다.

넷째, 학습지도안은 수업자료가 무엇인지 보여 준다.

다섯째, 학습지도안은 학습내용과 학습경험의 제시 순서와 계열을 안내한다.

학습지도안이 갖추어야 할 조건은 〈표 11〉과 같다.

| 표 11 | 학습지도안이 갖추어야 할 조건

1) 수업 결과 도달 목표의 기준이 마련되어야 한다.
2) 교재의 핵심이 분명하게 파악되어야 한다.
3) 전시 및 차시 학습과의 관계를 맺어야 한다.
4) 학습 요소의 시간적 배려가 적절하여야 한다.
5) 알맞은 학습 과정이 선택되고, 바르게 적용되어야 한다.
6) 학생의 활동이 활발히 될 수 있는 형태가 적용되어야 한다.
7) 학생의 개인차와 흥미, 선수학습 능력이 고려되어야 한다.
8) 적절한 자료가 적절한 시기에, 적절한 방법으로 활용되게 계획되어야 한다.
9) 판서 계획이 분절마다 고려되어야 한다.
10) 학생의 실태가 제시되어야 한다.
11) 단원 전체의 구조와 전개 계획이 명료하게 나타나야 한다.
12) 수업을 보지 않고도 수업의 흐름을 파악할 수 있게 짜여져야 한다.
13) 목표 달성의 성취도에 대하여 적절한 평가 방법이 준비되어야 한다.
14) 본시 수업을 통하여 해결하고자 하는 연구 과제가 제시되어야 한다.

학습지도안은 교재의 특성이나 학생의 요구, 교사의 의도가 다를 수 있기 때문에 일정한 형식은 없다고 보아야 할 것이다. 그러므로 학습지도안은 수업의 내용이나 지도방법에 따라 창의적으로 작성하면 된다. 학습지도안이 수업자에게는 수업의 가설이 되며 참관자에게는 수업을 위한 귀중한 안내서가 된다는 점을 고려한다면, 중요한 몇 가지 요소가 충족되어야 한다.

학습지도안은 과목 특성, 학교급, 학습목표, 내용에 따라서 다양하다. 학습지도안은 크게 세안과 약안으로 구분된다. 세안은 수업에 대한 종합적인 수업계획이다. 세안에는 단위 수업 시간뿐만 아니라 단원, 단원의 개관, 단원의 목표, 학습의 계통 및 관련, 과제분석, 지도계획, 평가계획 등이 포함된다. 그러나 약안에는 단위 수업 시간에 대한 계획만이 해당된다. 그러므로 세안은 약안을 포함한다. 수업지도안 형식(세안)은 〈표 12〉와 같다.

| 표 12 | 학습지도안 형식(세안)

○○과 학습지도안

1. 단원
2. 단원의 개관
3. 단원의 목표
4. 학습의 계통 및 관련
5. 과제 분석
6. 지도계획
7. 평가계획
8. 지도의 실제

가. 본시 교수-학습 개요

단원			일시		장소	
차시			소요시간		지도교사	
학습주제					교과서	
					보조자료	
학습목표						
수업전략	최적 학습 모형					
	학습 집단 조직					
	중심 학습활동					
	자료활용	교사				
		학생				

나. 지도 과정

단계	학습 내용	교수-학습 활동	시간	자료 및 유의점

다. 판서 계획
라. 자료활용 계획
마 수행평가(형성평가) 계획
바. 설문지

※ 참고 문헌

위에서 '약안'은 1장과 8장만 작성하고, 나머지 장은 '생략' 표시를 한다.
'준세안'은 1장, 3장, 8장만 작성하고 나머지 장은 '생략' 표시를 한다.
'세안'은 1장부터 8장까지 모두 작성한다.

5) 학습지도안 작성의 실제

(1) 단원(제재)

단원은 제재로 표현되기도 한다. 단원은 '교수-학습 장면에 있어서 일정한 과제를 해결하는 데 필요한 학습 내용 및 경험을 전체성과 통일성을 지니게 조직해 놓은 분절'을 말한다.

(2) 단원(제재)의 개관

단원의 개관은 단원 전체의 윤곽을 파악하여 지도의 방향을 제시하는 역할을 한다. 단원의 개관은 관점을 나누어 기술하는 방법과 종합적으로 기술하는 방식이 있다.

① 관점을 나누어서 기술하는 방법

㉠ 사회관(사회적 입장에서): 학생이 이 단원 학습을 통하여 사회생활의 개선과 발전에 공헌할 사회적 가치 실현을 위한 지도방법을 구상하여 기술한다.
- 교재 내용의 사회적 가치, 사회가 교육에 바라는 것, 현 발달 단계의 학생에게 바라는 것

㉡ 학생관(학생의 입장에서): 학생의 성장 발달 단계에 따른 특징, 경험과 생활과의 관계, 흥미와 욕구, 교재 내용의 수용성·저항성 등의 배려를 규명하여 학생과 교재의 적합성 등을 밝힌다.
- 선 경험 실태, 흥미와 관심, 발달 정도와 교재의 난이도 등

㉢ 교재관(교재면에서): 단원의 핵심·본질 및 성격 등을 규명하여 이 단원이 해당 학년에 설정된 근거를 밝힌다.
- 교재의 교육적 가치, 학생의 능력과 교재와의 관계, 학습지도방법에 관한 소견 및 적용될 방법의 문제점, 시기나 계절적 측면 등

② 종합적으로 기술하는 방법

단원의 내용 개요, 계열성, 의의(학생, 사회, 교재의 특성), 실태(출발점 행동) 등을 종합적으로 체계 있게 진술한다.

(3) 단원(제재)의 목표

단원을 학습했을 때 학습자가 지녀야 할 바람직한 성과를 구체적인 용어로 내용과 행동의 이차원으로 기술한다. 단원 목표는 지적·기능적·정의적 차원을 고려하여 진술한다. 단원의 목표는 해당 단원의 교수-학습 과정 및 그 결과를 평가하는 준거로 작용한다.

① 단원 목표는 일반성을 가지고, 수업목표의 수준에서 진술하는 것이 좋다.

예 일반적인 것: 국어를 써서 의사를 교환할 수 있다.

② 목표에는 내용과 행동을 나타내는 말이 있어야 한다.

예 자연의 개념을 정의할 수 있다.
(내용) + (행동)

③ 수업에서 성취하게 될 학생의 행동으로 진술한다.

예 글을 통하여 생각과 느낌을 바르게 표현할 수 있다.

④ 각 목표는 한 가지 학습 결과를 포함하고 있어야 한다.

예 과학적 방법을 이해하고 그것을 효과적으로 적용한다.

⑤ 지적·기능적·정의적 영역을 포괄하고 있어야 한다.

예 고장에는 산, 들, 강이 있음을 안다. (지적 영역)
고장의 그림지도를 그리고 읽을 수 있다. (기능적 영역)
고장의 자연환경을 보호하려는 마음가짐을 갖는다. (정의적 영역)

⑥ 목표는 학습 경험 결과의 산출물로서의 행동으로 진술되어야 한다.

예 기상도에 쓰이는 기호를 학습한다.
→ 기상도에 쓰이는 기호의 이름을 말할 수 있다.

(4) 학습의 계통 및 관련

단원의 학습 내용과 관련되는 선수 학습 내용 및 후속 학습 내용의 학년, 학기, 단원을 제시한다. 이것은 단원의 학습 내용이 계통적으로 보아서 어느 정도의 수준에 있다는 것을 알기 쉽게 파악하게 한다. 따라서 이것은 선수 학습 내용에 따라 진단 학습 및 준비 학습 내용을 결정할 수 있게 하며, 후속 학습 내용에 따라 이 단원의 학습 내용이 앞으로 어떻게 발전, 전개되어 가는가를 파악할 수 있게 한다.

(5) 과제 분석

교사는 수업계획을 할 때, 학습 내용을 구성하는 어떤 개념, 법칙, 원리를 가르칠 것인지를 구상하게 된다. 이를 학습 요소라고 한다. 학습 과제 분석은 이러한 학습 요소 배열을 한눈에 볼 수 있게 체계화하고 시각화한 수업지도(授業地圖)를 작성하는 것을 의미한다.

① 학습과제 분석의 필요성

① 단원에서 가르칠 학습 요소가 무엇인지를 명백히 한다.
② 학습요소 상호 간의 관련성을 밝힌다.
③ 학습의 순서를 밝혀낼 수 있다.
④ 학습요소의 누락이나 중복을 찾아낼 수 있다.
⑤ 형성평가의 기준이 된다.
⑥ 필요한 선수 학습능력이 무엇인지를 밝혀 준다.

② 과제분석의 유형

가. 학습위계별 분석법

지적인 내용이 위계적인 관계 속에 있을 때 대단히 유익한 방법이다. 즉 하나의 학습 과제나 학습 요소가 독립적으로 존재하는 것이 아니라 다른 학습 요소와 종적으로 연결되어 위계적 조직을 이루고 있을 때 이 방법을 사용한다.

나. 학습단계별 분석법

학습단계별 과제 분석 방법은 학습과제의 위계가 불분명하지만, 학습 순서가 명확하게 구분될 때 사용한다.

다. 시간·기능별 분석법

이 방법은 주로 운동기능학습에 사용된다. 이 방법은 주어진 학습 과제 수행에 필요한 일련의 하위 과제들을 작업이 수행되는 과정이나 기능에 따라 관계를 규정한다.

③ 학습과제 분석 절차

㉠ 최종 수업목표를 확인하고 진술한다.
㉡ 학습요소를 추출한다. 수업의 최종목표가 확인이 되면 이 목표를 달성하기 위하여 학습해야 할 요소나 항목에는 어떤 것이 있는지를 찾아낸다.
㉢ 학습요소의 구조도 즉 수업지도(授業地圖)를 작성한다. 학습요소들이 어떻게 상호 관련되어 있으며, 어떤 위계성을 갖는지를 시각화한다.
㉣ 학습요소들의 수업 순서를 정한다. 수업지도가 작성되면 학습요소들의 대강의 수업 순서는 정해진다. 즉 최종목표에 접근한 수업요소일수록 나중에 수업할 요소이며 가장 하위에 있는 학습요소일수록 먼저 가르쳐야 한다.

(6) 지도계획(총 시간)

과제 분석에서 학습요소가 추출되고 그 위계성이 밝혀지면 학습요소들 간의 학습 순위가 결정된다. 교사는 이를 토대로 시간 계획을 세우게 된다. 지도계획은 단원 전체의 전개 계획으로서 차시별로 지도 내용을 요약 진술하고, 단원 전체의 지도 과정을 파악하는 데 도움이 된다.

(7) 평가계획(평가관점)

평가계획은 단원의 학습이 종료된 이후에 실시되는 총괄적 평가(단원 목표 달성도의 측정) 계획을 의미한다. 단원 목표의 학습활동, 평가계획의 일관성을 확보해야 한다.

(8) 지도의 실제

① 본시 교수-학습 개요(예시)

<table>
<tr><th>단원</th><td>단원명</td><th>일시</th><td>수업 요일 및 시간표</td><th>장소</th><td>수업 장소</td></tr>
<tr><th>차시</th><td>본차시/전체차시</td><th>소요시간</th><td>수업 시간(분)</td><th>지도교사</th><td>수업자 이름</td></tr>
<tr><th rowspan="2">학습주제</th><td colspan="3" rowspan="2">수업 주제 또는 차시명</td><th>교과서</th><td>교과서 쪽수</td></tr>
<tr><th>보조교과서</th><td>보조자료</td></tr>
<tr><th>학습목표</th><td colspan="5">학습목표(내용과 행동의 이차원 형태로 진술)</td></tr>
<tr><th rowspan="5">수업전략</th><td colspan="2">최적 학습 모형</td><td colspan="3">교수-학습 모형</td></tr>
<tr><td colspan="2">학습 집단 조직</td><td colspan="3">수업 시간에 활용하는 학습 집단의 형태(개별, 조별, 전체)</td></tr>
<tr><td colspan="2">중심 학습활동</td><td colspan="3">주요 교수-학습 활동</td></tr>
<tr><td rowspan="2">자료활용</td><td>교사</td><td colspan="3">교사 수업 자료</td></tr>
<tr><td>학생</td><td colspan="3">학생 학습 자료</td></tr>
</table>

② 지도과정

단계	학습 내용	교수-학습 활동	시간	자료 및 유의점

㉠ 단계: 도입, 전개, 정리(구분 선은 점선으로)로 나누어 쓰며, 교과나 교재에 따라 알맞게 선정한다.
㉡ 학습내용: 명사구 형태로 진술(예: 편지의 종류, 우송 경로 알기)
㉢ 교수-학습 활동: 학습 요소별로 학습 형태, 방법, 활동 등을 교사와 학생의 입장에서 통합하거나 구분하여 진술한다.
㉣ 시간: 지도 단계별 또는 학습 요소별로 소요 시간을 분 단위로 적는다.
㉤ 자료 및 유의점: 자료는 교수-학습 과정에서 사용되는 교사와 학생의 유형, 무형의 모든 자료를 투입 시기에 적절하게 적는다. 유의점은 교수-학습 활동과 관련하여 교사가 유의해야 할 점을 교사의 입장에서 진술한다.

③ 판서 계획

단위 학습 시간의 핵심 정리 계획으로서 구조화, 도표화하여 요점 정리한다.

④ 수행(형성)평가계획

본시 수업과 관련된 평가계획을 제시한다.

⑤ 설문지

㉠ 실태 조사 및 분석
㉡ 교재 연구
㉢ 기타

※ 참고 문헌은 가, 나, 다 순으로 저자명, 서명, 출판지, 출판사, 출판연도 등을 적는다.

6) 수업참관 시 유의사항

(1) 지도교과에 대한 연구를 충분히 한다

수업자는 학습지도안을 사전에 참관자에게 배부해야 한다. 수업참관자는 학습지도안을 사전에 분석 및 검토하고 본시 학습과제에 대한 연구를 해야 한다.

(2) 참관자로서 예의를 가져야 한다

수업 참관자는 수업 시작 5분 전에 교실에 입실하여 학습자의 준비활동을 관찰하고, 참관 시 교실 안을 배회한다든지 다른 참관자와 이야기하는 행위는 지양해야 한다.

(3) 가능하면 수업자의 좋은 면을 관찰한다

대부분의 수업 참관자는 비판자, 판단자로 자신을 생각하고 수업자의 잘못된 지도에 대해서만 관찰하는 경향이 있다. 그러나 수업에는 왕도가 없으며, '이것이 최선의 방법이다'라고 단정지을 수 있는 교수-학습 방법도 없다. 수업은 교재의 특성, 학습자의 특성, 학습 환경, 교사의 특성 등 여러 가지 복합적 요인이 작용하여 수업이 진행된다. 따라서, A학급에서 성공적이던 수업이라 할지라도 B학급에서의 성공은 보장할 수 없다. 이러한 것을 고려하여, 수업참관자는 수업자의 부정적인 면보다는 긍정적인 면을 관찰하도록 노력해야 한다.

(4) 객관성과 타당성 있는 참관 결과를 세밀히 기록한다

이론적인 뒷받침 없이 자기의 주관적 생각을 참관록에 기록하는 것은 잘못된 일이다. 참관자의 대부분이 공감할 수 있는 관찰기록을 남기도록 노력해야 한다. 수업참관자는 분단 좌석표를 이용한 표시기법, 플랜더스의 수업형태 분석법 등을 사용하여, 참관 결과를 기록한다.

(5) 좋은 수업이란 어떤 것인가를 스스로 느끼는 참관이 필요하다

수업은 수업자의 특성에 따라 다양한 형태로 나타난다. 또한 참관자도 각자 자기 나름대로의 관찰과 평가를 하게 된다. 수업참관자는 면밀한 관찰을 통해 좋은 수업이란 어떤 것인가를 스스로 느껴야 한다.

7. 교육실습일지의 작성

교육실습 현장에서 교육실습록 작성은 매우 중요하다. 교육실습생은 매일 매일 학교에서 일어난 일들을 교육실습일지에 작성하고, 이후의 교육실습계획을 세움으로써, 교육실습을 체계적이고 성공적으로 실행하도록 해야 한다. 교육실습생은 교육실습을 하는 동안 자신이 무엇을, 어떻게, 언제 하는지를 정확히 기재함으로써, 교육실습의 활동이 효과적으로 진행되도록 해야 한다. 교육실습일지 양식은 교육실습 학교에 따라 다양하게 제시된다. 교육실습일지 양식은 〈표 13〉과 같다.

| 표 13 | 교육실습일지 양식

교육실습일지	
	년 월 일 요일 날씨:
주요 행사 및 지시 사항	· 전체 조회, 소풍, 체육대회, 시범수업, 연구수업 등의 계획을 기록 · 학급경영, 학습지도, 행사관련, 교생실습 관련 등의 지시사항을 기록
활동 영역	· 활동내용(관찰, 참가, 협의, 조사, 연구, 계획, 실습내용)
학급 경영	· 학급학생의 전반적인 생활을 관찰 · 기록 · 특별지도 대상자에 대한 관찰 및 상담 · 학급의 학습 분위기 조성방안 검토 · 기록
학습지도	· 교사의 교수활동, 학생의 학습활동 등을 구체적으로 관찰 · 기록 · 교수자료, 학습자료 등의 고안 및 활용 내용 관찰 · 기록 · 학습부진아 지도 방안 검토 · 시행
생활지도	· 학급의 학생 개개인의 지도사례 기록 · 학교생활 부적응아에 대한 세밀한 관찰 및 지도 후의 변화상 기록
반성 및 소감	· 반성 및 소감 기록(교수활동, 인성지도, 교사와의 관계 등)
내일의 계획	· 교육실습에 대한 교육실습생 자신의 계획
지도교사 조언	· 교육실습에 대한 지도교사의 조언

교육실습생의 교육실습일지는 예비교사로서의 활동을 점검하고 반성하는 길잡이 역할을 한다. 교육실습일지를 작성할 때에는 다음에 유의해야 한다(김재덕, 2011; 신재흡, 2010).

첫째, 교육실습생은 자신이 경험한 교육활동을 있는 그대로 기록한다. 교육실습생은 교육실습일지를 작성하는 과정에서, 하루의 교육활동을 점검하고, 반성하는 시간을 갖게 된다. 또한 교육실습일지를 통하여 지도교사의 지도 및 조언을 받을 수 있다.

둘째, 교육실습일지를 정성껏 기록한다. 교육실습일지는 교사가 되기 위한 실습과정을 성실하게 수행한 증거자료로 사용되며, 교육실습생은 이것을 성실하고 정성껏 작성해야 한다. 참관실습 과정에서 실제 수업에 이르는 모든 실습과정의 탐구와 노력의 자세가 구체적으로 표현될 수 있도록 가능하면 상세하게 기록한다.

셋째, 교육실습일지는 핵심적인 내용을 간결하고 구체적으로 기술한다. 교육실습생은 자신의 실습활동을 간결하면서도 구체적으로 기술해야 한다. 무슨 활동을 어떻게 했는지, 무엇을 느끼고 경험했는지, 무엇이 문제인지 등을 구체적이면서 간결하게 기술한다. 교육실습의 하루 일과를 핵심적인 일을 중심으로 간결하게 정리하여 기록한다.

넷째, 교육실습일지를 매일매일 성실하게 기록하고 점검을 받는다. 교육실습일지는 하루 일과를 마치기 전에 기록하고 지도교사의 점검을 받아야 한다. 하루 중에도 수시로 실습의 내용을 기록하며 실습의 내용을 생생하게 기록한다. 2~3일 지난 후에 교육실습일지를 작성하게 되면, 기록할 당시의 사실을 정확하게 기록하기 어렵다. 기억해서 기록하게 되면 사실을 왜곡하는 경우가 발생할 수 있다. 그래서 매일매일 교생일지를 기록하여 부장교사나 지도교사에 점검을 받는 것이 좋다.

다섯째, 교육적인 내용만 기록한다. 객관적인 입장에서 배우는 자세로 서술한다. 교육현장에서 경험한 내용을 사실대로 기술한다. 교육실습생은 자신과 관련된 내용 또는 전공에 대해서만 기록한다. 해당 학교에 대한 비판이나 불편 등을 기록해서는 안 된다. 또 학생 신상에 관한 내용이나 현직 교사에 대한 정보 등을 기록해서는 안 된다. 교육실습생 개인의 지나친 주관적인 감정이나 비판의 내용은 삼가야 한다.

제5장

교육실습생의 임무와 역할

최화숙

1. 교육실습생의 자세

교육실습은 교사자격 취득을 위해서 필수적으로 이수해야 하는 과정이지만, 궁극적으로는 대학에서 학습한 기초적인 교양과 전문적인 교육이론을 기반으로 실제 교육현장에서 교사로서의 체험뿐만 아니라 동시에 교직의 전문성을 이해하는 과정이다. 교육실습생은 교육실습을 통해 학교 현장에서 일어나는 다양한 교육활동을 교사로서 체험하는 과정을 경험할 뿐만 아니라 자신의 교육관을 형성하는 기회를 얻게 된다.

교육실습생은 '가르치면서 배우는 학생의 위치'에 있으므로 본인의 책임 또는 지도교사로부터는 실습생으로서 배우는 자세를 유지하고, 학생에게는 가르치는 교사의 입장에서 최선의 방법과 성실한 자세로 교육실습에 임하도록 한다. 교육실습생으로서 갖추어야 할 자세를 '교사로서의 자세'와 '학생으로서의 자세'로 구분하여 살펴보면 다음과 같다.

1) 교사로서의 자세

첫째, 교육실습생은 지도교사 및 실습학교의 교육철학과 지도방침을 충분히 숙지하고 이에 따라야 하며, 독단적인 판단으로 학생을 지도하는 일이 없어야 한다.

둘째, 교육실습생은 교사로서 언어, 태도와 복장은 교육현장에 맞게 기능적이면서도 교육자로서 모범이 되는 것이어야 한다. 교육실습생도 실습학교의 교직원에 준하므로 해당 학교의 모든 규칙에 따라 행동해야 하며 자연스럽고 교직자로서의 품위에 합당하도록 힘써야 하고, 지나치게 위엄을 보이려 한다거나 경거망동해서는 안 된다.

셋째, 교육실습생은 실습기관의 학생들에게는 가르치는 자로서의 책임감을 갖고 임해야 한다. 모든 학생들에게 깊은 관심을 갖도록 노력한다.

넷째, 교육실습생은 학생에게는 항상 자상하고 친절하게 대하지만 실습으로 인하여 정상적인 실습학교의 교육이나 분위기 조성에 역작용이 되는 일이 없도록 주의한다. 교육실습생은 단기간 실습학교에 머무르므로 학생들에게 신선한 느낌을 주면서 관심과 애정을 받는 대상이지만, 반면에 학생의 지지를 더 많이 받기 위해 지나치게 허용적인 태도를 보이는 것은 교육활동에 방해가 될 수 있다.

다섯째, 교육실습생이 지켜야 할 규칙은 솔선수범하여 좋은 본보기가 되도록 한다. 학생은 모든 면에서 교사를 모방하려 한다. 따라서, 자신이 학생에게 행동 판단의 기준이 된다는 것을 명심하고 책임감을 갖고 행동해야 한다.

여섯째, 교육실습생은 교육계획, 환경구성, 교재 및 자료준비, 수업 등 모든 활동에 최선을 다해야 한다. 실습 기간 동안에 대학에서 배운 이론을 현장에 적용하기 위해 최선을 다해야 한다. 출석부 정리 및 학급 관련 업무를 학급 담임교사의 지도하에 습득한다. 학급 환경 구성, 면학 분위기 조성에 힘쓰고 위생, 청소, 정리 정돈 등 솔선해서 지도한다.

일곱째, 교육실습생은 상호 인간관계에 특별히 유의한다. 교육실습생과 지도교사, 교육실습생과 학생과의 관계도 중요하지만 특히 교육실습생과 교육실습생의 상호 협력적인 인간관계가 실습의 성패를 좌우함을 명심하여야 한다.

여덟째, 교내에서 논의되는 일이나 취급문서는 교내에 한정하고 이를 교외에까지 연장시켜서는 안 되며, 지도교사와의 학교 밖 만남이 없도록 한다. 교육실습생은 지도교사를 통하지 않고 직접 학부모를 만난다거나 기타 학교의 대외 관계에 참여해서는 안 된다.

2) 학생으로서의 자세

첫째, 교육실습생은 실습학교의 교직원에게는 배우는 자로서의 태도와 예의를 갖춘다. 실습을 직접 지도하는 지도교사뿐만 아니라 교장, 교감, 다른 학급의 교사에게도 같은 구성원이라는 연대감을 갖고 예의 바르게 행동하며, 소속 학급의 운영만이 아닌 학교 전체의 운영에 대해서도 개방적인 마음과 배우려는 태도를 갖는다.

둘째, 실습학교의 규정을 기본으로 교장, 교감, 지도교사의 지도와 감독에 따라 실습을 실시한다. 교육실습생이 교육활동 진행의 일원으로 참여하게 되면 학교에서 배운 이론적 지식과 직접적 실행 사이에 차이가 있다고 느낄 때가 있다. 실습학교의 내·외적요인, 특별한 행사의 진행, 실습학교만의 독특한 교육관에 따라 진행되는 활동이 자신이 배운 전공이론과 일치하지 않거나 자신의 판단과는 다르다고 여겨지는 상황이 생길 수도 있을 것이다. 이러할 경우, 궁금한 점은 지도교사와 협의하여 해결하고 학교와 교사를 신뢰하며 실습에 임해야 한다.

셋째, 지도교사는 실제현장에서 경험의 소유자이기 때문에 존경하고 예의를 갖추고 대하며, 언제나 겸허한 마음으로 그의 평가와 지도를 진지하게 받아들여야 한다. 지도교사를 존경하고, 실습 중 모든 제반활동에 대해 지도교사와 협의하며, 지도 및 조언을 겸손하게 받아들인다.

넷째, 학교 현장에서의 교육실제에 대해 부정적인 비판보다는 긍정적인 견해를 가지도록 하며, 비평적인 질문보다는 연구 및 탐구적인 질문 및 토의를 통해 문제를 확인하고, 그 문제해결을 위해 지도교사와 함께 노력하며, 주위의 지도를 받아들인다. 만약 자신의 견해가 지도교사와 달라서 토의가 필요하다고 생각될 때는 학생이라는 입장에서 때와 장소를 고려하여 자신의 생각을 겸손한 태도로 표현한다.

다섯째, 지도교사의 학급운영에 적극 협조하고, 일을 분담해서 맡아 교육능력 향상을 도모한다. 개인적인 결함이나 비판은 삼가며, 협의회에 있어서 적극적으로 참여하되 교직원과의 지나친 논란이나 인신공격 등은 피한다. 비건설적 비평을 피하고 지도교사의 태도를 이해하려고 노력한다.

여섯째, 지도교사의 학급운영에 적극 협조하고, 분담해서 일을 맡아 교육능력 향상을 도모한다. 교육실습생은 받아들이는 소극적인 자세만을 유지하지 말고, 모든 일에 열의를 가지고 능동적이고 적극적으로 임한다.

일곱째, 교육실습생은 조직적이고 계획적인 실습을 수행하며, 교육실습의 효과를 극대화하도록 노력한다. 일과가 끝난 후에 언제나 반성, 협의하고 실습일지를 정리 기록하고, 지도교사에게 보여 협의하고, 지도 및 조언을 받는다.

여덟째, 실수를 두려워하지 말고, 교육실습 활동에서 실수를 범했을 경우에는 이를 인정하며, 원인을 분석하고 고쳐 나가는 자세를 갖는다.

아홉째, 자기 능력을 넘는 무리한 일이나 지나친 활동은 가급적 피한다. 부득이한 경우에는 충분한 준비를 하고 주위의 협조를 얻는다. 특히 모르는 것은 서슴없이 묻고, 도움이 필요할 때는 도움을 청하도록 한다.

열째, 한 측면만 집착하지 말고, 전체적인 관점에서 상황을 파악하고 실습활동에 임한다.

2. 교육실습생의 주의사항

1) 근무

첫째, 교육실습생은 실습 학교의 '외부인 또는 손님'이므로, 각자가 배정받은 학교의 교육 방향, 교육계획, 운영 지침 등 실습학교의 교육방침을 존중하고 준수하며 이에 따라 실습을 원만하게 진행해야 한다.

둘째, 교사로서의 자각을 깊게 하고 항상 사표다운 품성을 갖추도록 노력한다.

셋째, 교육 법규와 교육 방침에 순응하고 열심히 자기 책무를 다하도록 노력한다.

넷째, 수업실습을 통해서 교사로서의 수업 계획 및 수업지도 기술을 연마할 수 있도록 연구하는 자세로 근무해야 한다.

다섯째, 지도교사와 같이 학생에 대한 교육활동에 직접 부수되는 사무 즉, 교무와 학교의 전반적 관리 운영을 통한 사무를 나누어 익힌다.

여섯째, 학생지도는 지도교사의 지도에 따라 반드시 학교 내에서 해야 하며 교외나 아동의 가정에까지 연장되어서는 안 된다.

일곱째, 교육실습생은 지각, 결과, 조퇴, 외출을 가급적 피하고, 부득이한 경우에는 실습학교의 지침에 따라 합당한 절차에 따라 미리 허락을 구하고 행한다.

여덟째, 학교에서 지정된 시간 이후에 퇴근하되 교실 정리 정돈, 전원, 문단속 등을 확인한다.

아홉째, 교육실습생은 성실한 자세로 실습록을 작성하여, 수업 관찰 및 참여, 지도의 과정에서 느낀 바를 상세하게 기록하여야 한다.

열째, 교육실습생은 수업 시간표의 시간을 숙지하고, 매일 시간표 변동을 파악하여 수업 시간에 착오가 없도록 한다. 대표 교육실습생은 시간표 변동을 교무실에서 확인하여 매일 오전 일과 시간 시작 전에 모든 교육실습생들에게 알려주도록 한다.

2) 복장

첫째, 교사는 모든 면에서 학생의 사표가 되어야 하므로 항상 품위 있는 복장에 유념하여야 하며 정장을 원칙으로 한다.

둘째, 명찰은 출근 시각부터 퇴근 시각까지 왼쪽 가슴에 항상 착용한다.

셋째, 체육 시간에는 반드시 운동모, 체육복, 운동화 차림으로 참여한다.

넷째, 실내화는 가급적 소리가 나지 않는 것으로 준비한다.

다섯째, 가급적 짙은 매니큐어 또는 지나친 머리염색 등은 삼간다.

3) 예절

첫째, 교육실습생 상호 간의 호칭은 "○○선생님"으로 부를 것이며, 학생들 앞에서는 상호 간에 존댓말을 사용하여야 한다.

둘째, 교육실습생은 예절과 성실성을 갖추어야 한다. 이를 위하여 실습 학교가 정하는 바에 따라 출·퇴근 시간을 엄수하고, 현직교사들과 행정직원, 학생들에 대한 예의를 지키도록 해야 한다.

셋째, 복도와 운동장에서 서로 만날 때는 가벼운 인사를 교환한다.

넷째, 지도교사와 교육실습생 간의 인간관계, 생활 예절에 유의하고 항상 교사로서의 품위를 지켜 나가도록 한다.

다섯째, 배우는 학생으로서 가르침을 주는 지도교사를 존중하고 예우한다.

여섯째, 학교는 구내 전체가 금연구역으로 흡연할 수 없다.

일곱째, 실습생이자 교사의 역할을 가지므로 항상 교원의 신분에 맞게 행동한다.

4) 수업참관 및 수업실습 시 유의사항

첫째, 수업참관의 목적과 방법을 사전에 인식한다. 관찰 대상과 관련된 사항을 빠짐없이 관찰 기록한다. 관찰 대상, 장소, 시간 등을 정확히 기록한다.

둘째, 대학교에서 배운 이론을 상기해 관련지어 가며 실제를 관찰하도록 한다. 어떠한 선입견도 갖지 않고 있는 그대로 관찰하여 그 실제를 파악하도록 한다. 교육실습생임과 동시에 교육자이므로 교육을 실천적 입장에서 관찰하도록 한다.

셋째, 모든 수업실습의 활동은 지도교사의 협력하에 계획을 세우고, 교육(교과수업, 창의적 체험활동, 생활지도, 학급경영)계획을 수립하는 능력을 기르도록 노력한다.

넷째, 다양하고 창의성 있는 수업이 되도록 계획하며, 학생의 참여와 활동이 적극적으로 이루어지도록 한다.

다섯째, 수업 시간에는 문제 학생 및 우수 학생 등에 대한 편견을 갖지 말고 항상 전체 학생에 대하여 고른 시선과 관심을 가져야 한다.

여섯째, 수업 시간에 사용하는 말은 경어와 표준어를 원칙으로 한다.

일곱째, 수업 중 예기치 못했던 문제나 질문에 대해 불분명하거나 확실히 모를 때에는 머뭇거리거나, 모르는 것을 아는 것처럼 대답해서는 안 된다. 교사는 만능일 수 없으므로 모르거나 불확실한 것은 사실대로 말하고 다음 시간에 정확한 답을 해 주도록 한다.

여덟째, 한 가지 수업방법으로 일관하지 말고 다양한 방법을 혼용하여 학습 활동이 단조롭지 않도록 한다.

아홉째, 매 교과 시간마다 적정량의 과제를 부여하고 사후 점검을 하여 자기 주도적 학습의 기틀을 마련하게 하는 동시에 학생들로 하여금 면학에 정진하는 자세를 갖게 한다.

열째, 수업이 끝나면 다시 한번 교실의 정리 정돈을 살피고, 휴식 시간에 조용히 할 것을 유념하도록 지도한다.

열한째, 교재 준비를 철저히 하고 창의적이고, 조직적이며 밀도 높은 수업이 되도록 한다.

열두째, 학생들이 싸움이나 장난으로 다치는 일이 없도록 지도하며 교육실습생의 지도가 어려운 사안의 경우 즉각 지도교사에게 연락한다.

5) 기타 유의사항

첫째, 교육 실습상 필요한 서류는 대학의 지시에 따라 소정 기간 내에 제출할 수 있도록 미리 갖추어 둔다.

둘째, 실습학교가 배정되면 그 학교에 대한 다음 사항들을 미리 알아두도록 한다.

① 학교명, 소재지, 학교의 전화번호, 학교의 교통로, 홈페이지 주소

② 학교의 연혁

③ 학교의 현황, 학생 및 교원 수, 학급 수, 학교장 및 교직원의 성명

④ 학교 소재지의 주민(직업, 생활수준, 교육적 관심도 등)

⑤ 학교의 환경(학부모, 일반인, 문화시설, 오락 기관, 기타 공공 기관 등)

⑥ 학교에 대한 평판(학부모, 일반인 등)

⑦ 학생들의 일반적인 풍조(복장, 학습, 운동 등)

⑧ 해당 학교에 근무하는 지인, 선배, 기타 소개를 받을 만한 사람

⑨ 학교의 일과 시간표

⑩ 교직원 및 학교 고유의 문화

셋째, 도서실 및 특별실 등의 활용은 지도교사 및 담당교사의 승인을 미리 받는다.

넷째, 자신의 단점을 잘 알고 실습 중에 이를 고치도록 노력하며 또한 다른 사람들로부터 주어지는 비판을 올바로 받아들여 자기 향상을 위해서 노력하고자 하는 모습을 갖추어야 한다.

다섯째, 실습 중에 연구하고자 하는 문제를 미리 설정하여 두고 실습에 임하게 되면 더욱 보람 있는 실습이 될 수 있다.

참고문헌

강경리(2019). 예비중등교사의 교육실습과정 탐색: 실습지도교사에 대한 신뢰 형성 과정을 중심으로. 학습자중심교과교육연구, 19(13), 145-183.
공주교육대학교(2014). 수업실습의 이해. 공주: 공주교육대학교.
공주교육대학교 홈페이지. https://www.gjue.ac.kr/
(2019. 09. 16.). 2019학년도 수업실습 오리엔테이션 및 학교별 안내자료 공지.
학사안내〉학사도우미〉교육실습.
공주교육대학교 글로벌인재교육센터(2019). 한국연구재단 2017년 선정 중점연구소 1단계 2차년도 연차보고서.
공주교육대학교 부설초등학교(2018). 2018학년도 교육실습Ⅲ(종합) 안내. 공주교육대학교 부설초등학교.
공주교육대학교 부설초등학교(2019). 2019학년도 수업실기능력 인증제 실시 계획. 공주교육대학교 부설초등학교.
교육부(2015). 2015 개정 초·중등학교 교육과정 총론. 교육부 고시 제2105-74호 [별책 1].
교육부(2018). 2018 교원자격검정 실무편람. 교육부.
권정숙(2009). 교육실습의 이해. 서울: 도서출판 학이당.
김계현·김동일·김봉환·김창대·김혜숙·남상인·천성문(2009). 학교상담과 생활지도(2판). 서울: 학지사.
김병찬(2000). 교사교육의 패러다임의 변화. 한국교원교육연구, 17(3), 113-141.
김영식·남석희·박대권(2012). 교육실습생들이 바라본 소규모 학교의 체육 활동. 통합교육과정연구, 6(2), 61-83.
김은주·변지혜(2009). Flanders 언어상호작용 분석법에 의한 유치원 수업분석 -인터넷에 공개된 수업연구 동영상 자료를 중심으로-, 유아교육 · 보육 행정연구, 13(2), 95-121.
김재덕(2011). 최신 교육실습의 핵심. 경기: 한국학술정보(주).
김종서·이영덕·정원식(1998). 최신 교육학 개론. 서울: 교육과학사.
김헌수·이난(2008). 교육실습의 이론과 실제 : 수업활동과 실제를 중심으로. 서울: 태영출판사.
김헌수·이난·류재수(2011). 교육실습의 이론과 실제. 서울: 태영출판사.
나승일·이명훈·박미화·한홍진·김인곤·임호권·황영덕(2012). 예비교사를 위한 교육실습 가이드. 경기: 교육과학사.
남정걸(1998). 교육실습의 이론과 실제(개정판). 서울: 교육과학사.
박병량(2003). 학급경영(개정판). 서울: 학지사.
박병량·주철안(2005). 학교 · 학급경영(개정판). 서울: 학지사.
박수정·박정우(2019). 교육실습체제 개선에 대한 이해관계자의 인식 분석, 한국교육, 46(1), 111-135.
박숙희·염명숙(2013). 교수-학습과 교육공학(3판). 서울: 학지사.
박은혜(2004). 유아교사론. 서울: 창지사.
박은혜·조운주(2006). (반성적 실천을 위한) 유아교육실습. 서울: 창지사.
박은혜·조운주(2013). (반성적 실천을 위한) 유아교육실습(개정판). 서울: 창지사.
변영계·이상수(2003). 수업설계. 서울: 학지사.
부산교육대학교 온라인교육실습 홈페이지. https://edu.bnue.ac.kr/
서울대학교 사범대학(2014). 교육실습지침서 〈사범대학 교육실습생 오리엔테이션 자료집〉.
서정화 외(2012). 초·중등학생의 인성·사회성 함양을 위한 생활지도·상담교육의 효과 제고 방안. 교육부.

성신여자대학교(2014). 교육실습 표준 운영 매뉴얼. 성신여자대학교 사범대학 보고서.

신형석 · 정용재 · 설양환(2018). 국내 예비교원 교육실습 온라인 지원체제 현황 분석 및 개선 방안 탐색. 한국교원교육연구, 35(3), 1-30.

신재흡(2010). 교육실습이론과 실제. 서울: 학지사.

엄세진(2017). 초등학생의 기본생활습관 척도 개발과 타당화 연구. 고려대학교 대학원 박사학위논문.

연문희 · 강진령(2009). 학교상담: 학생생활지도(2판). 경기: 양서원.

유지영(2013). 초등학교 담임교사의 학급경영 실제와 의미 탐색. 충남대학교 대학원 박사학위논문.

유형근(2002). 종합적인 학교상담 체제 구안에 관한 연구. 청소년상담연구, 10(1). 55-70.

윤광보 · 김용욱 · 최병옥(2011). 교육방법과 교육공학의 이해(3판). 경기: 양서원.

윤운성 · 김홍운(2001). 생활지도와 상담. 서울: 양서원.

이성진(2004). 행동수정. 서울: 교육과학사.

이시용 · 정환금 · 허승희 · 홍종관(2004). 초등학교 생활지도와 상담. 서울: 교육과학사.

이장호(2005). 상담심리학(제4판). 서울: 박영사.

이재창(2005). 생활지도와 상담(개정판). 서울: 문음사.

이종승(2009). 교육연구방법론. 서울: 교육과학사.

이종헌(2005). 학교상담교사의 직무 및 역할 분석. 한국교원대학교 박사학위논문.

이철웅(2011). 교직실무 이론과 실제 : 학급경영 학교행정의 길잡이(개정판). 서울: 서현사.

임창재(1994). 수업심리학. 서울: 학지사.

정미경 · 김갑성 · 류성창 · 김병찬 · 박상완 · 문찬수(2010). 교원양성 교육과정 개선 방안 연구. 연구보고(RR 2010-11). 한국교육개발원.

정미재 · 정제영(2012). 교육실습이 예비교사의 역량 변화에 미치는 영향 분석. 한국교원교육연구, 29(4), 63-83.

정석기(2008). (수업기술 향상을 위한) 좋은 수업설계와 실제. 서울: 원미사.

정혜영(2008). 교육실습을 통한 교육실습생의 교육신념 변화 연구. 초등교육연구, 21(2), 235-257.

조광희 · 김희경 · 최재혁 · 정용재(2016). 과학교육 연구에서 실프스터디의 특징과 가능성 탐색: 이론적 배경과 기존 연구에 대한 고찰을 중심으로. 한국과학교육학회지, 36(3), 457-470.

조동섭 외(2009). 초등교직실무. 서울: 학지사.

조운주 · 손미령(2005). 유아교사양성을 위한 교육실습체제 비교 - 한국과 미국의 사례를 중심으로. 영유아교육연구, 8, 181-201.

주미경 · 양성관(2007). 사범대학-현장학교 협력관계에 기반한 교육실습 사례 분석. 한국교원교육연구, 24(2), 363-384.

진영은 · 조인진(2006). 예비교사 워크북:교육실습의 이론과 실제. 서울:학지사.

최영종(2010). 교육실습생을 위한 교육실무 · 교육실습. 경기: 교문사.

한국교원교육학회(2001). 교육실습의 이론과 실제. 서울: 교육과학사.

한국교원대학교(2010). 교실친화적 교육실습 프로그램 개발.

한국교원대학교(2019). 교육실습일지 〈참관 · 수업 · 실무 실습〉

한미현(1993). 가정의 경제적 스트레스 및 부모의 지시에 따른 아동의 행동 문제. 학국가정관리학회지, 11(2), 182-194.

한상효 · 유평수 · 서재복 · 최지은(2009). 교육실습의 이론과 실제(개정판). 경기: 교육과학사.

한재영(2013). 예비 과학 교사의 수업 능력 발달에 대한 종단적 연구. 과학교육연구지. 37(2). 310-322.

황혜신·황혜정(2001). 유아의 문제 행동이 인지능력에 미치는 영향. 대한가정학회지, 15(7), 25-34.

Anderson, D.(2007). The Role of Cooperating Teachers' Power in Student Teaching. *Education*, *128*(2), 307-323.

Brookover, W. B., Schweitzer, J. H., Schneider, J. M., Beady, C. H., Flood, P. K., & Wisenbaker, J. M.(1978). Elementary school social climate and school achievement. *American Educational Research Journal*, *15*(2), 301-318.

Driver, R.(1983). *The pupil as scientist?*. Open University Press: Milton Keynes.

Emmer, E. T., Everston, C. M. & Anderson, L. M.(1980). Effective classroom management at the beginning of the school year. *The Elementary School Journal*, *80*(5), 219-231.

Feiman-Nemser, S., McDiarmid, G., Melnick, S., Parker, M.(1989). Changing Beginning Teachers' Concepts A Description of an Introductory Teacher Education Course (Research Report 89-1). Michigan State University.

Gagne R., Briggs, L & Wager, W.(1992). *Principles of Instructional Design*(4th Ed). Fort Worth, TX: HBJ College Publishers.

Good, T. & Brophy, J. E.(1991). *Looking in classroom*. New York: Harper and Row.

Jarolimek, J. & Foster, C. D.(1997). *Teaching and learning in the elementary school*(6th ed.). Upper saddel river.

LaBoskey, V. K.(2004). The methodology of self-study and its theoretical underpinnings. In J. J. Loughran, M. L. Hamilton, V. K. LaBoskey, & T. Russell (Eds.), *International handbook of self-study of teaching and teacher education practices*. 817-869.

Robertson, E.(1987).Teaching and related activities. In M. J. Dunkin (Ed.), *International encyclopedia of teaching and teacher education*(pp. 15-18). Oxford: Pergamon Press.

Samaras, A. P.(2011). Self-study teacher research: Improving your practice through collaborative inquiry. Sage Publications.

Schmidt, J. J.(1996). *Counseling in Schools*. Massachusetts: Allyn and Bacon.

Eltiste, W. K.(1989). Astudy to determine the effects of a supervision training programupon cooperating teachers and student teachers. Doctoraldissertation, The University of Nebraska.

Glatthorn, A. A.(1987). Cooperative professional development: Peer-centered options for teacher growth. *Educational Leadership*, *41*(7), 12-15.

Glickman, C. D., Gordon, S. P., & Ross-Gordon, J. M.(2014). Supervision and Instructional Leadership. *A Developmental Approach*(9th ed.). New Jersey: Pearson Education, Inc.

참고 법령

국가법령정보센터. http://www.law.go.kr

「고등교육법」, 「교원자격검정령」, 「교원자격검정령 시행규칙」, 「유아교육법」, 「유치원 및 초등·중등·특수학교 등의 교사자격 취득을 위한 세부기준」, 「재외국민 교육지원 등에 관한 법률」, 「초·중등교육법」, 「평생교육법」

저자 소개

박일수

공주교육대학교 교육학과 교수

한국교원대학교 교육학박사(교육과정 전공)

저서: 교육과정과 수업(공저)

신수범

공주교육대학교 컴퓨터교육학과 교수

한국교원대학교 교육학박사(컴퓨터교육 전공)

저서: E-Mail의 구조와 WINDOWS MAIL SERVER 구축

정용재

공주교육대학교 과학교육학과 교수

서울대학교 교육학박사(물리교육 전공)

저서: 과학교실 탐구공동체

최현주

공주교육대학교 글로벌인재교육센터 전임연구원

공주대학교 교육학박사(교육철학 전공)

논문: 존 듀이의 러시아 방문과 학교관 형성의 변화(공저)

최화숙

한세대학교 교양학부 교수

한국교원대학교 교육학박사(교육과정 전공)

저서: 교육과정(공저)

교육실습총서 1

예비교사를 위한 학교현장실습

초판 1쇄 인쇄 2019년 8월 29일
초판 1쇄 발행 2019년 8월 31일

지 은 이 | 박일수 · 신수범 · 정용재 · 최현주 · 최화숙
펴 낸 이 | 김기섭
편 집 인 | 이초롱
펴 낸 곳 | 창지사 www.changJisa.com
08589 서울시 금천구 가산디지털 1로 83 파트너스타워 1차 9층
전화 (02)719-2211~3
팩스 (02)701-9386
등　록 | 1977년 4월 28일 · 제1-421호

ISBN 978-89-426-1259-8 (93370)

값 10,000원